DIE ULTIMATIVE HÜTTENKÄSEKÜCHE

Entdecken Sie 100 köstliche Rezepte, um Ihre Mahlzeiten zu verfeinern

Carolin Vog

Urheberrechtliches Material ©2023

Alle Rechte vorbehalten

Kein Teil dieses Buches darf ohne die entsprechende schriftliche Zustimmung des Herausgebers und Urheberrechtsinhabers in irgendeiner Form oder auf irgendeine Weise verwendet oder übertragen werden, mit Ausnahme von kurzen Zitaten, die in einer Rezension verwendet werden. Dieses Buch sollte nicht als Ersatz für medizinische, rechtliche oder andere professionelle Beratung betrachtet werden.

INHALTSVERZEICHNIS

INHALTSVERZEICHNIS..3
EINFÜHRUNG..7
FRÜHSTÜCK UND BRUNCH..9
1. Artischocken - Hüttenkäse -Omelett.........................10
2. Eier- und Artischockenschichten..............................13
3. Zitronen-Baiser-Pfannkuchen....................................16
4. Hüttenkäse-Croissants..19
5. Hüttenkäsepfannkuchen...21
6. Limetten-Käse - Pfannkuchen...................................24
7. Käse-Spinat- Crêpe p..27
8. Pfannkuchen mit gemischtem Beeren-Hüttenkäse-Dessert
....30
9. Gâteau De Crêpes a La Florentine............................33
10. Hüttenkäse-Obstschale..36
11. Berry Blast Protein-Obstschale...............................38
12. Grünkohl, Paprika und zerbröckeltes Feta-Omelett.....40
13. Wurst-Käse-Frittata..42
14. Hüttenkäse-Hefebrötchen...44
15. Zwiebel-Dill-Brot..46
16. Protein-Power-Waffeln...48
17. Ukrainisches Frühstücks-Hash................................50
18. Frühstückssandwiches...53
19. B abbka..55
20. Frittatas mit rotem Pfeffer und Hüttenkäse..........59
21. Krustenlose Meeresfrüchte-Quiche........................62
22. Amischer Frühstücksauflauf....................................64
SNACKS UND VORSPEISEN...68
23. Hüttenkäse gefüllte Orangen...................................69
24. Spinat-Empanadas..71
25. Asiatische Hüttenkäse-Cracker...............................74
26. Cocktailparty-Fleischbällchen..................................76

27. Hüttenkäse-Ananas- Windräder...78
28. Dessert-Zucchini-Krapfen...80
29. Chile-Käse-Soufflé-Quadrate.......................................82
30. Spinat-Roll-Ups..85
31. Erdbeer-Hüttenkäse-Riegel...87
32. Gefüllte Auberginen...90
33. Gefüllte Champignons mit Käse.....................................93
34. Hüttenkäsebällchen mit Schokoladenglasur.........................96
35. Hüttenkäse-Sesam-Bällchen..98
36. Hüttenkäse Kekse...100
37. Hüttenkäse-Haferkekse..102
38. Sous-Vide-Ei-Häppchen..104
39. Selleriestämme...107
40. Mit Hüttenkäse gefüllte Pilze....................................109
41. Hüttenkäse-Spinat-Dip..111
SANDWICH, WRAPS UND BURGERS..113
42. Marokkanische Lamm- und Harissa-Burger...........................114
43. Mangold-Bruschetta...117
44. Paneer-Bhurji-Sandwich...120
45. Burritos mit Rindfleisch und Käse................................122
46. Gegrillter Apfel auf Sauerteigmuffins............................124
47. Chipotle-Cheddar-Quesadilla......................................126
HAUPTKURS..128
48. Gegrillter Apfel und Käse..129
49. Käseravioli mit Rosmarin und Zitrone.............................131
50. Ravioli-Lasagne..134
51. Carbquik Lasagne Pie...136
52. Lasagne in einer Tasse...139
53. Focaccia al formaggio..141
54. Käsiger Putenhackbraten..143
55. Englische Cottage-Pie-Lasagne....................................145
56. Bohnenlasagne..148
57. Peperoni-Lasagne...151
58. Linguine mit Käsesauce...154
59. Rustikaler Cottage Pie...156

60. Margaritas Pasta Primavera..159
61. Monterey Jack Souffle..162
62. Hühner- und Hüttenkäsesuppe...164
63. Hüttenkäse -Manicoti...167
64. Mamas Spinatkuchen...169
65. Rindfleisch-Nudel-Auflauf..172
66. Gebackener Spinat Supreme...174
SALATE UND BEILAGEN..176
67. Hüttenkäse-Gemüsesalat...177
68. Spargel-, Tomaten- und Hüttenkäsesalat.........................179
69. Hüttenkäse- und Obstsalat..182
70. Gurken- und Hüttenkäsesalat...184
71. Hüttenkäse-Tomaten-Salat...186
NACHTISCH...188
72. Walnuss- Käsekuchen...189
73. Cranberry-Orangen-Käsekuchen.....................................191
74. Ananas-Nudelkugel...194
75. Safran-Pistazien-Panna-Cotta..197
76. Hüttenkäse-Tiramisu...199
77. Hüttenkäse -Datteleis..202
78. Hüttenkäse-Käsekuchen...205
79. Burekas...207
80. Französische Käsetarte...211
81. Kräuterkäsetörtchen..214
82. Rübenkuchen...217
83. Apfel-Käse-Eis..219
84. Kokos-Hüttenkäse-Käsekuchen.......................................221
85. Nudel-Kugel-Torte mit Hüttenkäse.................................224
86. Rosa Partysalat..227
87. Gegrilltes Ananas-Dessert..229
88. Cooler Limettensalat..231
GEWÜRZE..233
89. Hüttenkäsesauce..234
90. Fettarmer Frühlingszwiebel-Dip.....................................236
91. Hüttenkräuterdressing..238

92. Kräuter-Hüttenkäse-Aufstrich...................................240
93. Hüttenkäse-Salsa..242
94. Hüttenkäse und Honig-Nieselregen............................244
95. Hüttenkäse-Pesto...246
SMOOTHIES UND COCKTAILS..................................248
96. Gewürzter Himbeer-Smoothie....................................249
97. Hüttenkäse -Power-Shake...251
98. Käse-Vanille-Shake...253
99. Post-Workout-Bananen-Protein-Shake.......................255
100. Soja-Smoothie...257
ABSCHLUSS..259

EINFÜHRUNG

Willkommen in „DIE ULTIMATIVE HÜTTENKÄSEKÜCHE", wo der einfache Hüttenkäse in einen kulinarischen Star verwandelt wird. Auf den Seiten dieses Kochbuchs begeben Sie sich auf eine Reise durch eine Welt voller Geschmack, Kreativität und Ernährung. Hüttenkäse ist nicht nur ein einfaches Milchprodukt; Es ist eine vielseitige Zutat, die Ihren Mahlzeiten neues Leben einhauchen kann.

Unsere Küche ist ein Ort, an dem der Kreativität keine Grenzen gesetzt sind. Egal, ob Sie ein erfahrener Koch oder ein Anfänger in der Kochkunst sind, Sie werden eine große Auswahl an Rezepten finden, die Ihren Gaumen befriedigen und Ihren Körper nähren. Hüttenkäse ist eine Quelle für Eiweiß, Kalzium und andere essentielle Nährstoffe und daher eine wertvolle Ergänzung Ihrer täglichen Ernährung.

Mit 100 köstlichen Rezepten, die eine Reihe von Küchen und kulinarischen Stilen abdecken, soll dieses Kochbuch Ihre Kochreise inspirieren. Von herzhaften Gerichten wie gefüllten Pilzen und Lasagne bis hin zu süßen Köstlichkeiten wie Käsekuchen und Parfaits – Sie werden das wahre Potenzial von Hüttenkäse entdecken.

Also, krempeln wir die Ärmel hoch, ziehen unsere Schürzen an und tauchen ein in die Welt der Hüttenkäseküche. Es ist an der Zeit, Ihre Mahlzeiten zu verfeinern und unvergessliche kulinarische Erlebnisse direkt in Ihrer eigenen Küche zu schaffen.

FRÜHSTÜCK UND BRUNCH

1. Artischocken - Hüttenkäse - Omelett

ZUTATEN:
- 3 große Eier
- ¼ Tasse Hüttenkäse
- ¼ Tasse geschnittene Radieschen
- ¼ Tasse gehackte Artischockenherzen (aus der Dose oder mariniert)
- 2 Esslöffel gehackte frische Kräuter (wie Petersilie, Schnittlauch oder Basilikum)
- Salz und Pfeffer nach Geschmack
- 1 Esslöffel Olivenöl

ANWEISUNGEN:
a) In einer Schüssel die Eier verquirlen, bis sie gut verquirlt sind. Mit Salz und Pfeffer würzen.
b) Das Olivenöl in einer beschichteten Pfanne bei mittlerer Hitze erhitzen.
c) Die geschnittenen Radieschen dazugeben und etwa 2-3 Minuten anbraten, bis sie leicht weich sind.
d) Die gehackten Artischockenherzen in die Pfanne geben und weitere 1-2 Minuten anbraten, bis sie durchgeheizt sind.
e) Gießen Sie die geschlagenen Eier in die Pfanne und achten Sie darauf, dass sie das Gemüse gleichmäßig bedecken.
f) Lassen Sie die Eier einige Minuten ungestört kochen, bis der Boden fest wird.
g) Heben Sie die Ränder des Omeletts vorsichtig mit einem Spatel an und kippen Sie die Pfanne, damit ungekochtes Ei an den Rand fließen kann.
h) Den Hüttenkäse auf eine Hälfte des Omeletts geben.

i) Streuen Sie die gehackten Kräuter über den Hüttenkäse.

j) Falten Sie die andere Hälfte des Omeletts über die Hüttenkäseseite.

k) Kochen Sie noch eine Minute weiter oder bis das Omelett den gewünschten Gargrad erreicht hat.

l) Schieben Sie das Omelett auf einen Teller und schneiden Sie es nach Belieben in zwei Hälften.

2.Eier- und Artischockenschichten

ZUTATEN:
- 1 Esslöffel natives Olivenöl extra
- 1 mittelgroße gelbe Zwiebel, gehackt
- 8 Unzen gefrorener gehackter Spinat
- ½ Tasse sonnengetrocknete Tomaten, abgetropft und grob gehackt
- 14-Unzen-Dose Artischockenherzen, abgetropft und geviertelt
- 2 ½ gepackte Tassen gewürfeltes Baguette
- Salz und schwarzer Pfeffer nach Geschmack
- ⅔ Tasse Feta-Käse, zerbröckelt
- 8 Eier
- 1 Tasse Milch
- 1 Tasse Hüttenkäse
- 2 Esslöffel gehacktes frisches Basilikum
- 3 Esslöffel geriebener Parmesankäse

ANWEISUNGEN:
a) Ofen auf 350 F vorheizen.

b) Olivenöl in einer großen gusseisernen Pfanne bei mittlerer Hitze erhitzen. Fügen Sie und hinzu Die Zwiebel 3 Minuten anbraten, bis sie weich ist.

c) Den Spinat einrühren und kochen, bis er aufgetaut ist und die meiste Flüssigkeit enthält verdampft. Schalten Sie die Heizung aus.

d) Getrocknete Tomaten, Artischockenherzen und Baguette unterrühren, bis alles gut verrührt ist verteilt. Mit Salz und schwarzem Pfeffer würzen und Feta-Käse darüberstreuen oben drauf; beiseite legen.

e) In einer mittelgroßen Schüssel Eier, Milch, Hüttenkäse und Basilikum verquirlen. Gießen Die Mischung über die

Spinatmischung geben und mit einem Löffel vorsichtig auf das Ei klopfen vermischen und gut verteilen. Parmesankäse darüberstreuen.

f) Stellen Sie die Pfanne in den Ofen und backen Sie sie 35 bis 45 Minuten lang oder bis sie goldbraun sind Oben braun anbraten und die Eier fest werden lassen.

g) Nehmen Sie die Pfanne heraus; Schichten in Spalten schneiden und warm servieren.

3.Zitronen-Baiser-Pfannkuchen

ZUTATEN:
BAISER
- 4 große Eiweiße
- 3 Esslöffel Zucker

PFANNKUCHEN
- 2 Eier
- ½ Tasse Hüttenkäse
- ½ Teelöffel Vanilleextrakt
- 1 Esslöffel Honig
- ¼ Tasse Dinkelmehl
- ½ Teelöffel Backpulver
- ¼ Teelöffel Backpulver
- 2 Teelöffel zuckerfreie Zitronen-Jell-O-Mischung

ANWEISUNGEN:
FÜR DAS MERINGUE
a)   Das Eiweiß in eine Rührschüssel geben und schlagen, bis sich weiche Spitzen bilden. Weiche Spitzen entstehen, wenn Sie die Rührbesen aus der Mischung ziehen und sich die Spitzen bilden, aber schnell wieder abfallen.

b)   Den Zucker zum Eiweiß geben und weiter schlagen, bis steife Spitzen entstehen. Wenn Sie die Rührbesen aus der Mischung ziehen, entstehen steife Spitzen, die sich bilden und ihre Form behalten.

c)   Legen Sie das Baiser beiseite.

d)   Eier, Hüttenkäse, Vanille und Honig verquirlen und beiseite stellen.

e)   In einer anderen Schüssel die trockenen Zutaten verrühren, bis alles gut vermischt ist.

f)   Die feuchten Zutaten zu den trockenen Zutaten geben und verrühren, bis alles gut vermischt ist.

g) Eine beschichtete Pfanne oder Grillplatte großzügig mit Pflanzenöl einsprühen und bei mittlerer Hitze erhitzen.

h) Sobald die Pfanne heiß ist, geben Sie den Teig mit einem ¼-Tassen-Messbecher hinzu und gießen Sie den Teig in die Pfanne, um den Pfannkuchen zuzubereiten. Verwenden Sie den Messbecher, um den Pfannkuchen zu formen.

i) Backen Sie den Pfannkuchen, bis die Seiten fest sind und sich in der Mitte Blasen bilden (ca. 2 bis 3 Minuten). Drehen Sie dann den Pfannkuchen um.

j) Sobald der Pfannkuchen auf dieser Seite gar ist, nehmen Sie ihn vom Herd und legen Sie ihn auf einen Teller.

k) Führen Sie diese Schritte mit dem restlichen Teig fort.

l) Pfannkuchen mit Baiser belegen.

m) Um das Baiser zu rösten, können Sie entweder die Ränder mit einem Brenner leicht bräunen oder die belegten Pfannkuchen zwei bis drei Minuten lang unter einen heißen Grill legen.

4. Hüttenkäse-Croissants

ZUTATEN:
FÜR DEN TEIG:
- ⅔ Tasse Milch
- 1¼ Tasse (150 g) Hüttenkäse ¼ Tasse (60 g, 2 Unzen) Butter
- 1 Ei
- ⅓ Tasse (60 g, 2,4 Unzen) Zucker
- 4 Tassen (500 g, 18 Unzen) Allzweckmehl
- 1 Teelöffel Vanillezucker
- 1½ Teelöffel aktive Trockenhefe
- ½ Teelöffel Salz

FÜR DIE GLASUR:
- 1 Eigelb
- 2 Esslöffel Milch
- 2 Esslöffel Mandeln, gehackt

ANWEISUNGEN:
a) Den Teig in einer Brotmaschine kneten. Lassen Sie es 45 Minuten lang ruhen und gehen.
b) Rollen Sie den küchenfertigen Teig zu einem Kreis mit einem Durchmesser von 40 cm aus und teilen Sie ihn in 12 dreieckige Abschnitte. Rollen Sie jedes Dreieck auf, beginnend mit der breiten Kante.
c) Legen Sie die Brötchen auf ein mit geöltem Backpapier ausgelegtes Backblech und bestreichen Sie sie mit der Glasurmischung. Mit einem Handtuch abdecken und 30 Minuten ruhen lassen.
d) Den Ofen auf 400 Grad F (200 Grad C) vorheizen.
e) Im vorgeheizten Backofen 15 Minuten goldbraun backen.

5. Hüttenkäsepfannkuchen

ZUTATEN:
- ¼ Tasse Dinkelmehl
- ½ Teelöffel Backpulver
- ¼ Teelöffel Backpulver
- ⅛ Teelöffel Zimt
- ⅛ Teelöffel Salz
- 2 große Eier, geschlagen
- ½ Tasse 2 % fettarmer Hüttenkäse
- 1 Esslöffel Honig
- ½ Teelöffel Vanilleextrakt
- Erdbeeren zum Servieren (optional)

ANWEISUNGEN:
a) Alle trockenen Zutaten in eine Schüssel geben und gut verrühren.
b) In einer separaten Schüssel die feuchten Zutaten verquirlen.
c) Fügen Sie die feuchten Zutaten zu den trockenen Zutaten hinzu und verrühren Sie sie, um sie gründlich zu vermischen.
d) Lassen Sie den Teig 5 bis 10 Minuten ruhen. Dadurch kommen alle Zutaten zusammen und der Teig erhält eine bessere Konsistenz.
e) Eine beschichtete Pfanne oder Grillplatte großzügig mit Pflanzenöl einsprühen und bei mittlerer Hitze erhitzen.
f) Sobald die Pfanne heiß ist, geben Sie den Teig mit einem ¼-Tassen-Messbecher hinzu und gießen Sie den Teig in die Pfanne, um den Pfannkuchen zuzubereiten. Verwenden Sie den Messbecher, um den Pfannkuchen zu formen.

g) Backen Sie den Pfannkuchen, bis die Seiten fest sind und sich in der Mitte Blasen bilden (ca. 2 bis 3 Minuten). Drehen Sie dann den Pfannkuchen um.
h) Sobald der Pfannkuchen auf dieser Seite gar ist, nehmen Sie ihn vom Herd und legen Sie ihn auf einen Teller.
i) Führen Sie diese Schritte mit dem restlichen Teig fort. Nach Belieben mit Erdbeeren servieren.

6. Limetten-Käse - Pfannkuchen

ZUTATEN:
- 2 Eier
- $\frac{1}{2}$ Tasse Hüttenkäse
- $\frac{1}{2}$ Teelöffel Vanilleextrakt
- 1 Esslöffel Honig
- Schale von 1 Limette
- $\frac{1}{4}$ Tasse Dinkelmehl
- $\frac{1}{2}$ Teelöffel Backpulver
- $\frac{1}{4}$ Teelöffel Backpulver
- 2 Teelöffel zuckerfreie Limetten-Jell-O-Mischung

ANWEISUNGEN:
a) Eier, Hüttenkäse, Vanille, Honig und Limettenschale verquirlen und beiseite stellen.

b) In einer anderen Schüssel die restlichen Zutaten gut verrühren.

c) Die feuchten Zutaten zu den trockenen Zutaten geben und verrühren, bis alles gut vermischt ist.

d) Eine beschichtete Pfanne oder Grillplatte großzügig mit Pflanzenöl einsprühen und bei mittlerer Hitze erhitzen.

e) Sobald die Pfanne heiß ist, geben Sie den Teig mit einem $\frac{1}{4}$-Tassen-Messbecher hinzu und gießen Sie den Teig in die Pfanne, um den Pfannkuchen zuzubereiten. Verwenden Sie den Messbecher, um den Pfannkuchen zu formen.

f) Backen Sie den Pfannkuchen, bis die Seiten fest sind und sich in der Mitte Blasen bilden (ca. 2 bis 3 Minuten). Drehen Sie dann den Pfannkuchen um.

g) Sobald der Pfannkuchen auf dieser Seite gar ist, nehmen Sie ihn vom Herd und legen Sie ihn auf einen Teller.

h) Führen Sie diese Schritte mit dem restlichen Teig fort.

7. Käse-Spinat- Crêpe p

ZUTATEN:
- 3 Eier
- 1 Tasse Milch
- 1 Esslöffel geschmolzene Butter
- ¾ Tasse Allzweckmehl
- ¼ Teelöffel Salz
- 2 Tassen zerkleinertes Havarti, Schweizer OR
- Mozzarella-Käse, geteilt
- 2 Tassen Cottage
- ¼ Tasse geriebener Parmesankäse
- 1 Ei, leicht geschlagen
- 10-Unzen-Packung gefrorener gehackter Spinat
- 300g, aufgetaut und trocken ausgedrückt
- ¼ Teelöffel Salz
- ⅛ Teelöffel Pfeffer
- 1½ Tassen Tomatensauce

ANWEISUNGEN
FÜR DIE CREPES:

a) Zutaten in einem Mixer oder einer Küchenmaschine 5 Sekunden lang mixen.

b) Kratzen Sie die Seiten ab und mixen Sie den Teig noch 20 Sekunden lang. Abdecken und mindestens 30 Minuten stehen lassen.

c) Erhitzen Sie eine 8-Zoll-Pfanne mit Antihaftbeschichtung bei mittlerer Hitze. Mit zerlassener Butter bestreichen. Teig umrühren. Gießen Sie etwa 3 Esslöffel Teig in die Pfanne und kippen Sie die Pfanne schnell, um den Boden zu bedecken. Kochen, bis der Boden leicht gebräunt ist, etwa 45 Sekunden. Den Crêpe mit einem Spatel wenden und etwa 20 Sekunden länger garen.

d) Auf einen Teller geben. Wiederholen Sie den Vorgang mit dem restlichen Teig und bestreichen Sie die Pfanne mit etwas geschmolzener Butter, bevor Sie jeden Crêpe backen.

FÜR DIE FÜLLUNG:

e) Reservieren Sie eine halbe Tasse Havarti-Käse. Die restlichen Zutaten vermischen. Auf jeden Crêpe eine halbe Tasse Käsefüllung geben und aufrollen.

f) Mit der Nahtseite nach unten in eine gefettete 33 x 23 cm große Auflaufform legen. Tomatensoße darübergießen. Mit reserviertem Havarti-Käse bestreuen. Im Ofen bei 180 °C 20 bis 25 Minuten backen oder bis es durchgeheizt ist.

8. Pfannkuchen mit gemischtem Beeren-Hüttenkäse-Dessert

ZUTATEN:
PFANNKUCHEN:
- 16 Unzen kleiner Quark-Hüttenkäse
- 1 Teelöffel Vanilleextrakt
- 3 Esslöffel Honig
- 4 große Eier
- 1 Tasse Allzweckmehl
- 1 Teelöffel Backpulver
- 2 Esslöffel Pflanzenöl

GEMISCHTES BEER-TOPPING:
- 2 Tassen gemischte Beeren (Erdbeeren, Blaubeeren, Himbeeren)
- 2 Esslöffel Honig
- $\frac{1}{2}$ Teelöffel Zitronenschale

OPTIONALE GARNITUR:
- Minzblätter (optional)
- Sauerrahm
- Ahornsirup
- Zusätzlich frisches Obst

ANWEISUNGEN:
PFANNKUCHEN:
a) In einer mittelgroßen Schüssel 4 große Eier gut verquirlen. Fügen Sie 16 Unzen Hüttenkäse, 1 Teelöffel Vanilleextrakt und 3 Esslöffel Honig hinzu. Schneebesen, bis alles gut vermischt ist.

b) In einer separaten Schüssel 1 Tasse Allzweckmehl und 1 Teelöffel Backpulver verrühren. Stellen Sie sicher, dass die Mehlmischung keine Klumpen enthält.

c) Die trockenen Zutaten nach und nach mit den feuchten Zutaten verrühren, bis ein glatter Pfannkuchenteig entsteht.

d) Eine große beschichtete Pfanne bei mittlerer Hitze erhitzen und 2 Esslöffel Pflanzenöl hinzufügen.

e) Sobald das Öl heiß ist, für jeden Pfannkuchen einen gehäuften Esslöffel Pfannkuchenteig in die Pfanne geben.

f) Backen Sie die Pfannkuchen etwa 2-3 Minuten pro Seite, bis sie goldbraun und aufgegangen sind. Verwenden Sie einen Spritzschutz, um Unordnung zu vermeiden.

g) Geben Sie die fertigen Pfannkuchen auf einen Teller und decken Sie sie mit einem sauberen Küchentuch ab, damit sie warm bleiben, während Sie die restliche Portion zubereiten.

GEMISCHTES BEER-TOPPING:

h) Kombinieren Sie in einer separaten Schüssel 2 Tassen gemischte Beeren, 2 Esslöffel Honig und ½ Teelöffel Zitronenschale.

i) Vorsichtig umrühren, um die Beeren zu bedecken.

PORTION:

j) Servieren Sie die warmen Pfannkuchen mit dem gemischten Beeren-Topping.

k) Für zusätzlichen Geschmack können Sie auch einen Schuss Sauerrahm, einen Spritzer Ahornsirup, Minzblätter oder zusätzliches frisches Obst hinzufügen.

9. Gâteau De Crêpes a La Florentine

ZUTATEN:
CREMESAUCE MIT KÄSE, SPINAT UND PILZEN
- 4 EL Butter
- 5 TB Fluorid
- 2¾ Tassen heiße Milch
- ½ TL Salz
- Pfeffer und Muskatnuss
- ¼ Tasse Sahne
- 1 Tasse grob geriebener Schweizer Käse
- 1½ Tassen gekochter gehackter Spinat
- 1 Tasse Frischkäse oder Hüttenkäse
- 1 Ei
- 1 Tasse gewürfelte frische Pilze, zuvor in Butter angebraten, mit 2 EL gehackten Schalotten oder Frühlingszwiebeln

ZUSAMMENBAUEN UND BACKEN
- 24 gekochte Crêpes mit einem Durchmesser von 6 bis 7 Zoll
- Eine leicht gebutterte Auflaufform
- 1 EL Butter

ANWEISUNGEN:
a) Für die Soße die Butter schmelzen, das Mehl einrühren und 2 Minuten lang langsam kochen, ohne Farbstoffe zu hinterlassen; Vom Herd nehmen, Milch, Salz und Pfeffer und Muskatnuss nach Geschmack hinzufügen. Unter Rühren 1 Minute lang kochen, dann die Sahne und den gesamten Schweizer Käse bis auf 2 Esslöffel unterrühren. Einen Moment köcheln lassen, dann richtig würzen.

b) Mehrere Esslöffel Soße unter den Spinat mischen und sorgfältig abschmecken. Den Frischkäse oder Hüttenkäse mit dem Ei, den Pilzen und mehreren Esslöffeln Soße verrühren, bis eine dicke Paste entsteht. richtige Würze.

c) Backofen auf 375 Grad vorheizen.

d) Einen Crêpe auf den Boden einer leicht gebutterten Auflaufform legen, mit Spinat bestreichen, mit einem Crêpe bedecken, mit einer Schicht der Käse-Pilz-Mischung bestreichen und auf diese Weise mit den restlichen Crêpes und den beiden Füllungen fortfahren. Den Hügel mit einem Crêpe abschließen.

e) Die restliche Käsesauce über den Hügel gießen, mit den restlichen 2 Esslöffeln geriebenem Schweizer Käse bestreuen und mit einem Esslöffel Butter bestreuen.

f) Bis zum Servieren 30 bis 40 Minuten in den Kühlschrank stellen und dann in das obere Drittel des vorgeheizten Ofens stellen, bis es brodelt und der Käsebelag leicht gebräunt ist.

10. Hüttenkäse-Obstschale

ZUTATEN:
- 1 Tasse Hüttenkäse
- 1/2 Tasse geschnittene Pfirsiche
- 1/2 Tasse geschnittene Erdbeeren
- 1/4 Tasse gehackte Walnüsse
- 1 EL Honig

ANWEISUNGEN:
a) Hüttenkäse und Honig in einer Schüssel vermischen.
b) Mit geschnittenen Pfirsichen, geschnittenen Erdbeeren und gehackten Walnüssen belegen.

11. Berry Blast Protein-Obstschale

ZUTATEN:

- 1 Tasse Hüttenkäse
- 1/2 Tasse gemischte Beeren (wie Acai, Erdbeeren, Blaubeeren und Himbeeren)
- 1/4 Tasse Müsli
- 1 Esslöffel Chiasamen
- 1 Esslöffel Honig (optional)

ANWEISUNGEN:

a) Den Hüttenkäse als Basis in eine Schüssel geben.
b) Die gemischten Beeren über den Hüttenkäse streuen.
c) Streuen Sie das Müsli und die Chiasamen über die Beeren.
d) Für noch mehr Süße nach Belieben Honig über die Schüssel träufeln.
e) Servieren und genießen Sie die Beerenköstlichkeit!

12. Grünkohl, Paprika und zerbröckeltes Feta-Omelett

ZUTATEN:
- 8 Eier, gut geschlagen
- 1 Tasse rote Paprika, gewürfelt
- 1/4 Tasse Frühlingszwiebeln (fein gehackt)
- 1/2 Tasse zerbröselter Feta
- 3/4 Tasse Grünkohl, gehackt
- 2 TL Olivenöl
- 1/2 TL italienisches Gewürz
- Salz und frisch gemahlener Pfeffer nach Geschmack
- Sauerrahmkäse oder Hüttenkäse (optional)

ANWEISUNGEN:
a) In einer großen Bratpfanne Öl auf mittlerer bis hoher Stufe erhitzen. Gehackten Grünkohl hinzufügen und etwa 3-4 Minuten kochen lassen.

b) Die roten Paprika waschen und hacken. Die Frühlingszwiebeln in Scheiben schneiden und den Feta zerbröseln. Fetten Sie den Boden Ihres Slow Cookers mit Olivenöl ein. Geben Sie die gehackte rote Paprika und die geschnittenen Frühlingszwiebeln zusammen mit dem Grünkohl in den Slow Cooker.

c) In einer kleinen Schüssel die Eier schlagen und über die anderen Zutaten im Slow Cooker gießen. Gut umrühren und italienische Gewürze hinzufügen. Passen Sie Salz und Pfeffer nach Geschmack an.

d) 2-3 Stunden auf NIEDRIGER Stufe kochen.

13. Wurst-Käse-Frittata

ZUTATEN:

- 8 Eier
- 1 Pfund Wurst
- 1 Tasse Hüttenkäse
- 2 TL Backpulver
- 1 Tasse Milch
- 3 Tomaten, gehackt
- 2 Unzen Parmesankäse, gerieben
- 6 Unzen Cheddar-Käse, gerieben
- Pfeffer
- Salz

ANWEISUNGEN:

a) Die Wurst in einer Pfanne anbraten und beiseite stellen.
b) In einer Schüssel Eier mit Milch, Backpulver, Pfeffer und Salz verquirlen.
c) Wurst, Hüttenkäse, Tomaten, Parmesankäse und Cheddar-Käse hinzufügen und gut verrühren.
d) Die Eiermischung in die gefettete Auflaufform füllen.
e) Wählen Sie den Backmodus, stellen Sie dann die Temperatur auf 350 °F und die Backzeit auf 45 Minuten ein. Drücke Start.
f) Sobald der Ninja Foodi Digital Air Fryer Oven vorgeheizt ist, stellen Sie die Auflaufform in den Ofen.
g) In Scheiben schneiden und servieren.

14. Hüttenkäse-Hefebrötchen

ZUTATEN:

- 2 Packungen (je 1/4 Unze) aktive Trockenhefe
- 1/2 Tasse warmes Wasser (110° bis 115°)
- 2 Tassen (16 Unzen) 4 % Hüttenkäse
- 2 Eier
- 1/4 Tasse Zucker
- 2 Teelöffel Salz
- 1/2 Teelöffel Backpulver
- 4 1/2 Tassen Allzweckmehl

ANWEISUNGEN:

a) In einer großen Schüssel Hefe in warmem Wasser auflösen. In einem kleinen Topf Hüttenkäse auf 110°-115° erhitzen. Eier, Hüttenkäse, Salz, Zucker, 2 Tassen Mehl und Backpulver zur Hefemischung geben. Schlagen, bis alles glatt ist. So viel Mehl einrühren, dass ein fester Teig entsteht (der Teig würde klebrig).

b) Auf eine bemehlte Fläche stürzen; Etwa 6 bis 8 Minuten lang kneten, bis der Teig elastisch und glatt ist. In eine gefettete Schüssel geben und einmal umdrehen, um die Oberfläche einzufetten.

c) Zugedeckt an einem warmen Ort etwa 1 Stunde gehen lassen, bis sich das Volumen verdoppelt hat.

d) Den Teig ausstanzen. Auf eine leicht bemehlte Oberfläche stürzen; in 30 Stücke schneiden. Aus jedem Stück eine Rolle formen. Auf gefetteten Backblechen im Abstand von 5 cm verteilen. Abdecken und etwa 30 Minuten gehen lassen, bis sich das Volumen verdoppelt hat.

e) Bei 350 °C etwa 10 bis 12 Minuten backen oder bis sie eine goldbraune Farbe haben. Auf Gitterroste stellen.

15. Zwiebel-Dill-Brot

ZUTATEN:
- 2 Teelöffel aktive Trockenhefe
- 3 1/2 Tassen Brotmehl
- 1 Teelöffel Salz
- 1 Ei
- 3/4 Tasse cremiger Hüttenkäse
- 3/4 Tasse Sauerrahm
- 3 Esslöffel Zucker
- 3 Esslöffel gehackte getrocknete Zwiebel
- 2 Esslöffel Dillsamen
- 1-1/2 Esslöffel Butter

ANWEISUNGEN:
a) Geben Sie die ersten vier Zutaten in der angegebenen Reihenfolge in die Backform des Brotbackautomaten. Die restlichen Zutaten in einem Topf vermischen und dann erhitzen, bis sie warm sind (nicht kochen).
b) In die Brotform geben.
c) Stellen Sie die Maschine auf die Einstellung „Weißbrot" und backen Sie dann nach Anweisung des Brotbackautomaten.

16. Protein-Power-Waffeln

ZUTATEN:
- 6 große Eier
- 2 Tassen Hüttenkäse
- 2 Tassen altmodische Haferflocken
- ½ Teelöffel Vanilleextrakt
- Prise koscheres Salz
- 3 Tassen fettarmer Naturjoghurt
- 1 ½ Tassen Himbeeren
- 1 ½ Tassen Blaubeeren

ANWEISUNGEN:
a) Ein Waffeleisen auf mittlere Stufe vorheizen. Ölen Sie die Ober- und Unterseite des Bügeleisens leicht ein oder bestreichen Sie es mit Antihaftspray.
b) Eier, Hüttenkäse, Haferflocken, Vanille und Salz in einen Mixer geben und glatt rühren.
c) Gießen Sie eine knappe halbe Tasse der Eimischung in das Waffeleisen, schließen Sie es vorsichtig und backen Sie es 4 bis 5 Minuten lang, bis es goldbraun und knusprig ist.
d) Geben Sie die Waffeln, den Joghurt, die Himbeeren und die Blaubeeren in Meal-Prep-Behälter.

17. Ukrainisches Frühstücks-Hash

ZUTATEN:

- 10 in Würfel geschnittene Yukon-Gold- oder Rostkartoffeln
- 2 Esslöffel frischer Babydill, gehackt
- 1 Zwiebel (mittelgroß), gehackt
- ⅔ Tasse Sauerkrautflüssigkeit ausgepresst und fein gehackt,
- 1 375-Gramm-ringförmige, doppelt geräucherte ukrainische Wurst, in Kreise geschnitten
- 2 ½ Tassen in Scheiben geschnittene Pilze
- 1 grüne Paprika gehackt
- 2 Esslöffel Pflanzenöl
- 3 Esslöffel Butter
- 1 Tasse trockener Hüttenkäse
- 2 Knoblauchzehen zerdrückt d
- 1 Teelöffel Salz
- ½ Teelöffel Pfeffer
- Eier

ANWEISUNGEN:

a) Schneiden Sie die Kartoffeln in Würfel und kochen Sie die Kartoffeln in der Mikrowelle auf einem unbedeckten Teller/einer Platte etwa 15 Minuten lang oder bis eine Gabel problemlos durch die Kartoffelstücke gehen kann, diese aber noch fest sind bzw. ihre Form behalten.

b) In der Zwischenzeit: Öl in einer großen Pfanne/Bratpfanne auf mittlere bis hohe Temperatur erhitzen und Kubassa/Kielbasa 3-4 Minuten lang anbraten, dabei regelmäßig umrühren und wenden, dann auf einen Teller legen. Beiseite legen.

c) Geben Sie noch 1 Esslöffel Speiseöl in die Pfanne und braten Sie dann grüne Paprika, Zwiebeln und Knoblauch auf mittlerer bis niedriger Stufe 5 Minuten lang an. Pilze hinzufügen und weitere 3-4 Minuten kochen lassen. In einer separaten Schüssel beiseite stellen.

d) Geben Sie Butter in die Pfanne und kochen Sie die Kartoffeln unter regelmäßigem Rühren und Wenden 15 Minuten lang, bis sie außen braun und innen weich sind.

e) Geben Sie dann die grüne Paprika-Zwiebel-Mischung sowie Kubassa, Sauerkraut und trockenen Hüttenkäse zurück in die Pfanne und kochen Sie unter Rühren weitere etwa 10 Minuten.

f) Bei Verwendung von Eiern: Kochen Sie die Eier nach Ihren Wünschen und legen Sie sie auf das Haschisch.

18. Frühstückssandwiches

ZUTATEN:
- 1 Ei
- 1 Esslöffel trockener Hüttenkäse
- ½ Teelöffel Dill
- 1 Esslöffel Sauerrahm
- ⅓ Tasse geschnittenes ukrainisches Kielbasa
- 1 Teelöffel Senf
- ½ Teelöffel Meerrettich
- 1 englischer Vollkornmuffin
- 2 Tomatenscheiben

ANWEISUNGEN:
a) Toasten Sie englische Muffins.
b) Sprühen Sie die Innenseite einer Kaffeetasse mit Antihaft-Kochspray ein. Das Ei in die Form schlagen und trockenen Hüttenkäse und Dill hinzufügen. Rühren Sie eine Sekunde lang vorsichtig um und achten Sie darauf, dass das Eigelb nicht zerbricht.
c) Geben Sie die Eimischung für 30 – 40 Sekunden (mit Deckel) in die Mikrowelle oder bis das Ei fest ist. Lösen Sie vorsichtig, indem Sie mit einem Messer zwischen der Innenseite der Form und dem Ei fahren.
d) Sauerrahm, Meerrettich und Senf verrühren. Gleichmäßig auf beiden Seiten des englischen Muffins verteilen.
e) Belegen Sie eine Seite des englischen Muffins mit geschnittenem Kielbasa und schieben Sie das gekochte Ei vorsichtig aus der Tasse auf das Kielbasa.
f) In Scheiben geschnittene Tomaten hinzufügen. Mit der anderen Hälfte des englischen Muffins belegen.
g) Sofort servieren.

19. Бабка

ZUTATEN:
- 1 Packung Aktive Trockenhefe
- Prise Zucker
- ¼ Tasse warmes Wasser
- ½ Tasse ungesalzene Butter, geschmolzen
- ¼ Tasse Zucker
- 1½ Teelöffel Salz
- 2 Teelöffel Vanilleextrakt
- ½ Teelöffel Mandelextrakt
- ¾ Tasse warme Milch
- 3 Eier
- 4 Tassen ungebleichtes Allzweckmehl
- 2 Esslöffel ungesalzene Butter zum Bestreichen des Teigs
- 3 Esslöffel Vanille-Puderzucker oder Puderzucker
- 1½ Tassen trockener Hüttenkäse
- 1/3 Tasse Zucker
- 1½ Esslöffel Sauerrahm
- 1½ Esslöffel Mehl
- Je 1 Ei
- 1 Teelöffel Zitronenschale
- ½ Teelöffel Vanilleextrakt
- 3 Esslöffel Johannisbeeren
- 2 Esslöffel Cognac für 1/2 Stunde

ANWEISUNGEN:
a) Hefe und Zucker in einer kleinen Schüssel über warmes Wasser streuen und umrühren, bis sich alles auflöst. Etwa 10 Minuten stehen lassen, bis es schaumig ist. In einer großen Schüssel Butter, Zucker, Salz, Vanille, Mandeln, Milch, Eier und 1 Tasse Mehl vermischen. Mit einem

Schneebesen glatt rühren. Hefemischung hinzufügen. 3 Minuten schlagen oder bis eine glatte Masse entsteht.

b) Fügen Sie jeweils eine halbe Tasse Mehl mit einem Holzlöffel hinzu, bis ein weicher Teig entstanden ist. Den Teig auf eine leicht bemehlte Fläche geben und etwa 5 Minuten lang kneten, bis er glatt und seidig ist.

c) Darauf achten, dass der Teig weich bleibt. In eine gefettete Schüssel geben, einmal wenden, um die Oberseite einzufetten, und mit Plastikfolie abdecken. An einem warmen Ort etwa 1½ Stunden gehen lassen, bis sich das Volumen verdoppelt hat. In der Zwischenzeit die Zutaten für die Füllung in einer Schüssel vermengen und cremig rühren. Lassen Sie den Teig vorsichtig ab, stürzen Sie ihn auf ein leicht bemehltes Brett und rollen oder tupfen Sie ihn zu einem 25 x 30 cm großen Rechteck.

d) Mit zerlassener Butter bestreichen. Mit der Füllung bestreichen und rund um den Teig einen Rand von ½ Zoll frei lassen. Biskuitrolle aufrollen und die Nähte zusammendrücken. Halten Sie den Teig an einem Ende fest und drehen Sie ihn etwa 6 bis 8 Mal, sodass ein Seil entsteht.

e) Zu einer flachen Rolle formen und in eine gut gefettete 10- bis 12-Tassen-Form oder Rohrpfanne geben. Die Enden zusammendrücken und den Teig so einstellen, dass er gleichmäßig in der Form liegt und nicht mehr als ⅔ gefüllt ist.

f) Locker mit Frischhaltefolie abdecken und ca. 45 Minuten gehen lassen, bis der Teig mit der Oberseite der Pfanne abschließt. Im vorgeheizten Ofen bei 180 °C (350 °F) 40 bis 45 Minuten backen, oder bis der Kuchen goldbraun ist und der Kuchentester sauber herauskommt.

Beim Antippen ertönt ein hohler Ton. 5 Minuten in der Form stehen lassen, dann von der Backform auf ein Gitter legen und vollständig abkühlen lassen.

g) Vor dem Schneiden 4 Stunden oder über Nacht in Plastikfolie eingewickelt stehen lassen. Mit Puderzucker bestäuben oder Puderzuckerglasur darüber träufeln.

20. Frittatas mit rotem Pfeffer und Hüttenkäse

ZUTATEN:
- ½ rote Paprika, gewürfelt
- 2 britische große (US extragroße) Eier aus Freilandhaltung
- 4 EL Hüttenkäse
- 1 EL frisch geriebener Parmesankäse
- 2 Frühlingszwiebeln (Frühlingszwiebeln), in Scheiben geschnitten
- 2 TL frisch gehackte Petersilie
- Prise frisch geriebene Muskatnuss
- eine Prise frisch gemahlener schwarzer Pfeffer
- eine Prise Meersalz (koscher).

ANWEISUNGEN:
a) Heizen Sie den Ofen auf 180 °C Umluft, 350 °F, Gas Stufe 6 vor.
b) Zwei ofenfeste Auflaufförmchen einfetten und auf ein Backblech legen.
c) Die Kerne und das Mark der roten Paprika entfernen und würfeln. Die Frühlingszwiebeln (Frühlingszwiebeln) in feine Scheiben schneiden. Petersilie hacken.
d) Schlagen Sie die Eier in eine Schüssel. Mit Meersalz (koscher), Pfeffer und einer großzügigen Prise Muskatnuss würzen und leicht verquirlen.
e) Hüttenkäse, rote Paprika, Frühlingszwiebeln (Frühlingszwiebeln) und gehackte Petersilie unterheben. Die Mischung auf die Auflaufförmchen verteilen und mit dem geriebenen Parmesankäse bestreuen.
f) 18-20 Minuten backen oder bis es gerade fest ist. Lassen Sie es etwas abkühlen, bevor Sie es aus der Dose nehmen und servieren.

g) Diese können warm oder gekühlt gegessen und zum Frühstück unterwegs in einen verschlossenen Behälter verpackt werden.

21. Krustenlose Meeresfrüchte-Quiche

ZUTATEN:

- 4 Eier
- 1 Tasse Sauerrahm
- 1 Tasse fettarmer Hüttenkäse
- ½ Tasse Parmesankäse
- 4 Esslöffel Mehl
- 1 Teelöffel Zwiebelpulver
- ¼ Teelöffel Salz
- 4 Unzen Pilzkonserven; entwässert
- ½ Pfund Monterey-Jack-Käse
- 8 Unzen Salatgarnelen
- 1 Teelöffel Zitronenschale
- 1 Esslöffel Frühlingszwiebeln,
- 8 Unzen Krabben oder Surimi
- 1 Teelöffel Zitronenschale
- ¼ Tasse gehobelte Mandeln
- 15½ Unzen roter Lachs aus der Dose
- ½ Teelöffel Dillkraut

ANWEISUNGEN:

a) In einem Mixer die ersten 7 Zutaten vermischen. Alles glatt rühren. Käse, Meeresfrüchte, Pilze und Gewürze in der Quicheform anrichten. Die vermischten Zutaten hinzufügen über.

b) 45 Minuten lang bei 180 °C backen oder bis das in der Mitte eingesetzte Messer sauber herauskommt.

c) Vor dem Schneiden 5 Minuten stehen lassen

22. Amischer Frühstücksauflauf

ZUTATEN:
- 1/2 Pfund Speck
- 1/2 Pfund Frühstückswurst
- 1/2 Teelöffel Salz
- 1/2 Teelöffel schwarzer Pfeffer
- 1/4 Teelöffel Knoblauchpulver
- 1 Teelöffel scharfe Soße
- 2 große Ofenkartoffeln, abgekühlt und zerkleinert
- 1 kleine Zwiebel, fein gewürfelt
- 8 Unzen scharfer Cheddar-Käse, gerieben – geteilt
- 8 Unzen Schweizer Käse, gerieben – geteilt
- 6 Eier, leicht geschlagen
- 1 1/2 Tassen Hüttenkäse

ANWEISUNGEN:

a) Beginnen Sie mit dem Kochen von Speck und Wurst. Ich bereite meinen Speck gerne im Ofen zu. Legen Sie einfach ein großes Backblech mit Rand mit Folie aus und legen Sie den Speck darauf. Achten Sie darauf, dass sich die Stücke nicht berühren. Stellen Sie das Speckblech in den KALTEN Ofen auf der mittleren Schiene.

b) Schalten Sie den Ofen auf 400 Grad ein und lassen Sie den Speck etwa 18 bis 22 Minuten lang garen, oder bis der Speck schön knusprig ist.

c) Während der Speck kocht, die Wurst anbraten, bis sie gar ist. Aus der Pfanne nehmen und die Wurst auf einem mit Küchenpapier ausgelegten Teller beiseite stellen. Die gewürfelte Zwiebel in derselben Pfanne anbraten. Sie können zu diesem Zeitpunkt auch jedes andere Gemüse anbraten, das Sie hinzufügen möchten (rote oder grüne Paprika, Zucchini, Pilze usw.).

d) Wenn der Speck gar ist, nehmen Sie die Pfanne vorsichtig aus dem Ofen und legen Sie den Speck auf einen mit Papiertüchern ausgelegten Teller. Wenn der Speck einige Minuten abtropfen konnte, schneiden Sie den Speck und die Wurst in kleine, mundgerechte Stücke.

e) In einer großen Schüssel zerkleinerte Kartoffeln mit Salz, schwarzem Pfeffer, Knoblauchpulver und scharfer Soße vermischen. Hüttenkäse und bis auf jeweils 1/4-1/2 Tasse Cheddar und Schweizer Käse unterrühren (diesen verwenden Sie für die Oberseite).

f) Speck und Wurst unterrühren, aber darauf achten, jeweils 1/4 Tasse für die Oberseite aufzubewahren.

g) Als nächstes das sautierte Gemüse unterrühren.

h) 6 leicht geschlagene Eier unterrühren.

i) Fetten Sie eine 9 x 13 Zoll große Pfanne oder zwei kleinere Pfannen ein, wenn Sie einen Auflauf sofort essen und einen später einfrieren möchten. Die Mischung in der/den Pfanne(n) verteilen. Mit Käse, Speck und Wurst belegen.

j) Wenn Sie dies im Voraus zubereiten, decken Sie den Auflauf zu diesem Zeitpunkt mit Folie ab und stellen Sie ihn in den Topf

k) Kühlschrank. Nehmen Sie es etwa 30 Minuten vor dem Backen aus dem Kühlschrank, damit es Zimmertemperatur annehmen kann.

l) Wenn Sie es gleichzeitig zubereiten und backen möchten, heizen Sie den Ofen auf 350 Grad vor.

m) Backen Sie den Auflauf 35-40 Minuten lang oder bis der gesamte Käse geschmolzen ist und Blasen bildet und der Auflauf in der Mitte fest geworden ist. Sie können den Auflauf zu diesem Zeitpunkt entweder aus dem Ofen nehmen oder den Grill einschalten und den Auflauf einige Minuten lang grillen, um den Käse zu bräunen.

n) Den Auflauf einige Minuten abkühlen lassen, dann in Stücke schneiden und servieren.

SNACKS UND VORSPEISEN

23. Hüttenkäse gefüllte Orangen

ZUTATEN:

- 4 Orangen
- ½ Tasse Hüttenkäse
- ¼ Tasse getrocknete Preiselbeeren
- ¼ Tasse gehackte Pistazien oder Pekannüsse
- Honig zum Beträufeln

ANWEISUNGEN:

a) Schneiden Sie die Ober- und Unterseite jeder Orange ab und legen Sie das Fruchtfleisch frei.
b) Schneiden Sie das Innere der Orange ein und trennen Sie das Fruchtfleisch von der Schale.
c) In einer Schüssel Hüttenkäse, getrocknete Preiselbeeren und gehackte Pistazien vermischen.
d) Füllen Sie jede Orange mit der Hüttenkäsemischung.
e) Honig über die gefüllten Orangen träufeln.
f) Gekühlt servieren.

24. Spinat-Empanadas

ZUTATEN:
FÜR DAS GEBÄCK:
- 16 Unzen Frischkäse, weich
- $\frac{3}{4}$ Tasse Butter, weich
- 2 $\frac{1}{2}$ Tassen Mehl
- $\frac{1}{2}$ Teelöffel Salz

FÜR DIE FÜLLUNG:
- $\frac{1}{4}$ Tasse Zwiebel, fein gehackt
- 3 Knoblauchzehen, gehackt
- 4 Scheiben Speck, gekocht und zerbröselt
- 1 Esslöffel Speckfett
- 10 Unzen Spinat, gefroren, aufgetaut und abgetropft
- 1 Tasse Hüttenkäse
- $\frac{1}{4}$ Teelöffel Pfeffer
- $\frac{1}{8}$ Teelöffel gemahlene Muskatnuss
- 1 Ei, geschlagen

ANWEISUNGEN:
FÜR DAS GEBÄCK:
a) In einer großen Rührschüssel den weichen Frischkäse und die weiche Butter glatt rühren. Sie können hierfür einen Standmixer verwenden, da die Mischung schwer ist.

b) Nach und nach Mehl und Salz hinzufügen. Den Teig leicht mit der Hand kneten, bis er zusammenkommt.

c) Decken Sie den Teig mit Plastikfolie ab und stellen Sie ihn mindestens 3 Stunden lang in den Kühlschrank.

FÜR DIE FÜLLUNG:
d) In einer mittelgroßen Pfanne die gehackte Zwiebel und den gehackten Knoblauch im Speckfett anbraten, bis die Zwiebel zart, aber nicht gebräunt ist.

e) Den zerbröckelten Speck, den aufgetauten und abgetropften Spinat, den Hüttenkäse, den Pfeffer und die gemahlene Muskatnuss untermischen. Lassen Sie die Mischung abkühlen.

MONTAGE:

f) Heizen Sie Ihren Backofen auf 450 °F (230 °C) vor.

g) Rollen Sie den gekühlten Teig auf einer bemehlten Arbeitsfläche etwa 2,5 Zentimeter dick aus.

h) Schneiden Sie mit einem 3-Zoll-Rundausstecher Kreise aus dem Teig aus.

i) Geben Sie etwa 1 Teelöffel der vorbereiteten Füllung auf eine Seite jedes Teigkreises, etwas außerhalb der Mitte.

j) Befeuchten Sie den Rand des Teigkreises mit dem verquirlten Ei.

k) Falten Sie den Teig über der Füllung in zwei Hälften, sodass eine halbkreisförmige Empanada entsteht.

l) Versiegeln Sie die Kanten, indem Sie sie mit den Gabelzinken andrücken.

m) Stechen Sie mit der Gabel oben in jeden Teig, um eine Öffnung zu schaffen.

n) Legen Sie die Empanadas auf ein ungefettetes Backblech.

o) Bestreichen Sie die Oberseite der Empanadas mit dem geschlagenen Ei.

p) Im vorgeheizten Ofen 10 bis 12 Minuten backen oder bis sie goldbraun werden.

q) Genießen Sie Ihre köstlichen Spinat-Empanadas!

25. Asiatische Hüttenkäse-Cracker

ZUTATEN:
- 400 Gramm Hüttenkäse
- 200 Gramm Cocktailtomaten
- 160 Gramm Mehl
- 1 Tasse frisches Basilikum
- 1 Tasse frischer Schnittlauch
- 1 Esslöffel Olivenöl
- 1 Esslöffel asiatische Kräuter
- Eine Prise grobes Meersalz
- Eine Prise ganze Regenbogenpfefferkörner

ANWEISUNGEN:
a) Heizen Sie Ihren Backofen auf 200 °C (392 °F) vor, um die besten Ergebnisse für Ihre Cracker zu gewährleisten.
b) Zunächst die Cocktailtomaten waschen, entsaften und entkernen und fein würfeln. Frisches Basilikum und Schnittlauch in dünne Scheiben schneiden.
c) In einer Schüssel Hüttenkäse, frisches Basilikum und frischen Schnittlauch mit dem Mehl vermischen. Würzen Sie die Mischung mit einer Prise Kotányi-Meersalz und Regenbogenpfefferkörnern nach Ihrem Geschmack. 1 Esslöffel asiatische Kotányi-Kräuter einrühren und gründlich vermischen.
d) Ein Backblech mit Backpapier auslegen und mit Olivenöl beträufeln. Aus der Masse Kreise formen und auf das Blech legen. Im vorgeheizten Backofen etwa 8-10 Minuten backen. Denken Sie daran, die Kreise nach der Hälfte der Garzeit zu wenden und mit den fein gehackten Tomaten zu belegen.

26. Cocktailparty-Fleischbällchen

ZUTATEN:
- ¼ Tasse Fettfreier Hüttenkäse
- 2 Eiweiß
- 2 Teelöffel Worcestersauce
- ½ Tasse Plus 2 Esslöffel einfache Semmelbrösel
- 8 Unzen gemahlene Putenbrust
- 6 Unzen Putenwurst; aus Gehäusen entfernt
- 2 Esslöffel Gehackte Zwiebeln
- 2 Esslöffel Gehackte grüne Paprika
- ½ Tasse Geschnittene frische Petersilien- und Sellerieblätter

ANWEISUNGEN:
a) Besprühen Sie ein Backblech mit Antihaftspray und legen Sie es beiseite.

b) In einer großen Schüssel Hüttenkäse, Eiweiß, Worcestershire-Sauce und eine halbe Tasse Semmelbrösel verrühren. Putenbrust, Putenwurst, Zwiebeln und grüne Paprika unterrühren.

c) Aus der Geflügelmasse 32 Frikadellen formen. Auf einem Blatt Wachspapier Petersilie, Sellerieblätter und die restlichen 2 Esslöffel Semmelbrösel vermischen. Die Fleischbällchen in der Petersilienmischung wälzen, bis sie gleichmäßig bedeckt sind.

d) Übertragen Sie die Fleischbällchen auf das vorbereitete Backblech. Im Abstand von 7,5 bis 10 cm vor der Hitze 10 bis 12 Minuten grillen .

27. Hüttenkäse-Ananas- Windräder

ZUTATEN:
- 2 1 oz 30 g Scheiben ohne Kruste Weißbrot
- 2 Teelöffel fettarmer Aufstrich.
- 2 Unzen 60 g fettarmer Hüttenkäse mit Ananas
- Mandeln oder ungesalzene Erdnüsse fein gehackt

ANWEISUNGEN:
a) Die Brotscheiben gleichmäßig mit dem fettarmen Aufstrich bedecken.
b) 2 TL Hüttenkäse zurückbehalten und den Rest auf den Brotaufstrich verteilen, sodass die Oberfläche bedeckt ist.
c) Zu Wurstformen aufrollen
d) Zerdrücken Sie den zurückbehaltenen Hüttenkäse mit einem Teelöffel, bis er glatt ist, und verteilen Sie ihn dann ein wenig über die Länge des gerollten Sandwichs.
e) Die gehackten Nüsse leicht rösten und über die Rolle streuen. Sofort servieren.

28. Dessert-Zucchini-Krapfen

ZUTATEN:
- 2 Eier
- ⅔ Tasse fettarmer Hüttenkäse
- 2 Scheiben zerkrümeltes Weiß- oder WW-Brot
- 6 Teelöffel Zucker
- 1 Spritzer Salz
- ½ Teelöffel Backpulver
- 2 Teelöffel Pflanzenöl
- 1 Teelöffel Vanilleextrakt
- ½ Teelöffel gemahlener Zimt
- ¼ Teelöffel gemahlene Muskatnuss
- ⅛ Teelöffel gemahlener Piment
- 2 Esslöffel Rosinen
- 1 Tasse Zuletzt geriebene Zucchini ungeschält

ANWEISUNGEN:
a) Alle Zutaten außer Rosinen und Zucchini vermischen. Alles glatt rühren.
b) Mischung in eine Schüssel geben.
c) Zucchini und Rosinen unter die Eimasse rühren.
d) Eine beschichtete Pfanne oder Grillplatte bei mittlerer bis hoher Hitze vorheizen.
e) Geben Sie den Teig mit einem großen Löffel auf die Grillplatte, sodass 10 cm große Kuchen entstehen.
f) Drehen Sie die Krapfen vorsichtig um, wenn die Ränder trocken erscheinen.

29. Chile-Käse-Soufflé-Quadrate

ZUTATEN:

- 8 Esslöffel echte Butter
- ½ Tasse Mehl
- 1 Teelöffel Backpulver
- Prise Salz
- 10 Eier
- 7 Unzen Dose vier geröstete grüne Chilis, abgetropft
- 2 Tassen Hüttenkäse
- 1 Pfund Monterey-Jack-Käse, gerieben

ANWEISUNGEN:

a) Butter in große Stücke schneiden und in eine 9×13-Pfanne geben.

b) Stellen Sie die Pfanne in den Ofen und heizen Sie sie auf 400 Grad vor.

c) Mehl, Backpulver und Salz in einer großen Rührschüssel vermischen.

d) Fügen Sie 1-2 Eier hinzu und schlagen Sie die Mischung, bis keine Klumpen mehr vorhanden sind.

e) Die restlichen Eier hinzufügen und glatt rühren.

f) Grüne Chilischoten, Hüttenkäse und Jack Cheese dazugeben und verrühren, bis alles gut vermischt ist.

g) Nehmen Sie die Pfanne aus dem Ofen und kippen Sie die Pfanne, sodass die Butter überall bedeckt ist. Gießen Sie dann die Butter vorsichtig in die Eimischung und rühren Sie alles um.

h) Gießen Sie die Mischung zurück in die warme Pfanne.

i) Wenn der Ofen vorgeheizt ist, stellen Sie die Pfanne in den Ofen und lassen Sie sie 15 Minuten lang garen.

j) Reduzieren Sie die Hitze auf 350 und kochen Sie weitere 35-40 Minuten oder bis die Oberfläche goldbraun und leicht gebräunt ist.

k) Lassen Sie es 10 Minuten abkühlen, bevor Sie es in Quadrate schneiden und servieren.

30. Spinat-Roll-Ups

ZUTATEN:

- 6 Unzen Lasagne-Nudeln, ungekocht
- 10 Unzen Spinat, gefroren
- 1 Tasse fettarmer Hüttenkäse 2 %
- 2 Esslöffel Parmesan, gerieben
- $\frac{3}{4}$ Teelöffel Muskatnuss
- $\frac{1}{4}$ Teelöffel Pfeffer
- $\frac{1}{2}$ Teelöffel Orangenschale
- $\frac{1}{2}$ Esslöffel gehackte Knoblauchzehe
- $\frac{1}{2}$ Tasse gehackte Zwiebel
- 3 Esslöffel natives Olivenöl extra
- $\frac{1}{2}$ Esslöffel Basilikum, getrocknet
- 16 Unzen Tomatensauce, aus der Dose

ANWEISUNGEN:

a) Während die 8 Lasagne-Nudeln kochen.
b) Für die Füllung die Zutaten 2 bis 7 vermischen.
c) Die gekochten Nudeln abkühlen lassen und flach auslegen.
d) Verteilen Sie zwei bis drei Esslöffel der Füllung auf den gekochten Nudeln und rollen Sie sie Ende an Ende auf.
e) Stellen Sie es in einen 2-Liter-Auflauftopf oder eine gefettete quadratische 20-Zoll-Pfanne.
f) Aus den restlichen Zutaten die Soße zubereiten.
g) Knoblauch und Zwiebel in Olivenöl anbraten, bis sie weich sind.
h) Basilikum und Tomatensauce hinzufügen. Umrühren, bis alles vollständig vermischt ist.
i) Über die Lasagne-Nudeln gießen und 20 Minuten bei 350 °C backen.

31. Erdbeer-Hüttenkäse-Riegel

ZUTATEN:
- 16-Unzen-Karton Hüttenkäse
- 2 Esslöffel Mehl
- ¾ Tasse Zucker
- 2 Eier, gut geschlagen
- Abgeriebene Zitronenschale
- 2 Esslöffel Zitronensaft
- ¼ Tasse Sahne
- Prise Salz
- 2 Teelöffel Vanille
- ½ Teelöffel Muskatnuss
- ½ Tasse goldene Rosinen
- ½ Tasse gehackte Walnüsse
- 1 Tasse frische Erdbeeren, geschält und in Scheiben geschnitten, plus mehr zum Garnieren
- Minzblätter, zwei Beilagen

ANWEISUNGEN:
a) Heizen Sie Ihren Backofen auf 350 °F (175 °C) vor.
b) Bereiten Sie eine Auflaufform vor, indem Sie sie mit Kochspray oder Butter einfetten.

FÜLLUNG VORBEREITEN:
c) In einer großen Schüssel Hüttenkäse, Mehl, Zucker, Zitronenschale, Zitronensaft, Sahne, Salz, Vanille, Muskatnuss und goldene Rosinen vermischen.
d) Rühren, bis alle Zutaten gut vermischt sind.
e) Die geschnittenen frischen Erdbeeren vorsichtig unter die Mischung heben. Die Erdbeeren verleihen den Riegeln einen Hauch fruchtigen Geschmacks.

BACKEN:

f) Gießen Sie die Mischung in die vorbereitete Auflaufform und verteilen Sie sie gleichmäßig.
g) Die gehackten Nüsse darüber streuen.
h) Etwa 45 Minuten lang backen oder bis die Riegel fest sind.
i) Sobald das Backen fertig ist, können Sie für zusätzlichen Geschmack noch etwas Muskat darüber streuen.
j) Mit ein paar frischen Erdbeeren und Minzblättern garnieren.
k) Vor dem Schneiden abkühlen lassen.

32. Gefüllte Auberginen

ZUTATEN:
- 4 kleine Auberginen, der Länge nach halbiert
- 1 Teelöffel frischer Limettensaft
- 1 Teelöffel Pflanzenöl
- 1 kleine Zwiebel, gehackt
- ¼ Teelöffel Knoblauch, gehackt
- ½ kleine Tomate, gehackt
- Nach Bedarf Salz und gemahlenen schwarzen Pfeffer
- 1 Esslöffel Hüttenkäse, gehackt
- ¼ grüne Paprika, entkernt und gehackt
- 1 Esslöffel Tomatenmark
- 1 Esslöffel frischer Koriander, gehackt

ANWEISUNGEN:
a) Schneiden Sie vorsichtig der Länge nach eine Scheibe von einer Seite jeder Aubergine ab.
b) Mit einem kleinen Löffel das Fruchtfleisch aus jeder Aubergine herauslöffeln, so dass eine dicke Schale übrig bleibt.
c) Das Auberginenfleisch in eine Schüssel geben.
d) Die Auberginen gleichmäßig mit Limettensaft beträufeln.
e) Drücken Sie die AIR OVEN MODE-Taste des Ninja Foodi Digital Air Fryer Oven und drehen Sie den Drehknopf, um den „Air Fry"-Modus auszuwählen.
f) Drücken Sie die TIME/SLICES-Taste und drehen Sie den Drehknopf erneut, um die Garzeit auf 3 Minuten einzustellen.
g) Drücken Sie nun die TEMP/SHADE-Taste und drehen Sie den Drehknopf, um die Temperatur auf 320 °F einzustellen.
h) Drücken Sie zum Starten die „Start/Stopp"-Taste.

i) Wenn das Gerät durch einen Signalton anzeigt, dass es vorgeheizt ist, öffnen Sie die Ofentür.

j) Die ausgehöhlten Auberginen in den gefetteten Heißluftfrittierkorb legen und in den Ofen schieben.

k) In der Zwischenzeit das Öl in einer Pfanne bei mittlerer Hitze erhitzen und die Zwiebel und den Knoblauch etwa 2 Minuten anbraten.

l) Auberginenfleisch, Tomate, Salz und schwarzen Pfeffer hinzufügen und etwa 2 Minuten anbraten.

m) Käse, Paprika, Tomatenmark und Koriander einrühren und etwa 1 Minute kochen lassen.

n) Den Topf mit der Gemüsemischung vom Herd nehmen.

o) Wenn die Garzeit abgelaufen ist, öffnen Sie die Ofentür und legen Sie die gekochten Auberginen auf einen Teller.

p) Jede Aubergine mit der Gemüsemischung füllen.

q) Verschließen Sie jedes mit seinem ausgeschnittenen Teil.

33. Gefüllte Champignons mit Käse

ZUTATEN:
- 1 Esslöffel Butter, weich
- 1 Schalotte, gehackt
- 2 Knoblauchzehen, gehackt
- 1 ½ Tassen Hüttenkäse, bei Zimmertemperatur
- 1/2 Tasse Romano-Käse, gerieben
- 1 rote Paprika, gehackt
- 1 grüne Paprika, gehackt
- 1 Jalapenopfeffer, gehackt
- 1/2 Teelöffel getrocknetes Basilikum
- 1/2 Teelöffel getrockneter Oregano
- 1/2 Teelöffel getrockneter Rosmarin
- 10 mittelgroße Champignons, Stiele entfernt

ANWEISUNGEN:
a) Drücken Sie die „Sauté"-Taste, um Ihren Instant Pot aufzuheizen. Sobald es heiß ist, die Butter schmelzen und die Schalotten anbraten, bis sie weich und glasig sind.

b) Den Knoblauch einrühren und weitere 30 Sekunden kochen, bis es aromatisch ist. Nun die restlichen Zutaten, bis auf die Pilzköpfe, dazugeben und gut verrühren.

c) Füllen Sie dann die Pilzkappen mit dieser Mischung.

d) Geben Sie 1 Tasse Wasser und einen Dampfgareinsatz in Ihren Instant Pot. Ordnen Sie die gefüllten Champignons im Dampfgareinsatz an.

e) Befestigen Sie den Deckel. Wählen Sie den Modus „Manuell" und „Hochdruck". 5 Minuten kochen lassen. Sobald der Garvorgang abgeschlossen ist, verwenden Sie eine schnelle Druckentlastung; Nehmen Sie den Deckel vorsichtig ab.

f) Die gefüllten Pilze auf einer Servierplatte anrichten und servieren. Genießen!

34. Hüttenkäsebällchen mit Schokoladenglasur

ZUTATEN:
- 500 Gramm fetter Hüttenkäse
- 300 Gramm Kokosöl
- 2 Esslöffel. Schade
- 100 Gramm dunkle Schokolade
- 50 ml Sahne

ANWEISUNGEN:
a) In einer großen Rührschüssel den Hüttenkäse und die Haut vermischen. 200 Gramm Kokosöl einrühren, bis die Mischung eine gleichmäßige Farbe hat.

b) Es sollten kleine Kugeln geformt und dann in einem Behälter ausgelegt und 15 Minuten lang eingefroren werden. Die Schokoladenstücke im Wasserbad bei schwacher Hitze schmelzen. 100 Gramm Kokosöl und Sahne sollten hinzugefügt werden.

c) Nach dem Einrühren der Masse 5 Minuten kochen lassen. Legen Sie die gefrorenen Hüttenkäsebällchen für 25 Minuten in den Gefrierschrank, nachdem Sie sie mit Schokoladenglasur überzogen haben.

35. Hüttenkäse-Sesam-Bällchen

ZUTATEN:

- 16 Unzen Bauernkäse oder Hüttenkäse
- 1 Tasse fein gehackte Mandeln
- 1 und 1/2 Tasse Haferflocken

ANWEISUNGEN:

a) In einer großen Schüssel gemischten Hüttenkäse, Mandeln und Haferflocken vermischen.

b) Formen Sie Kugeln und wälzen Sie sie in der Sesammischung.

36. Hüttenkäse Kekse

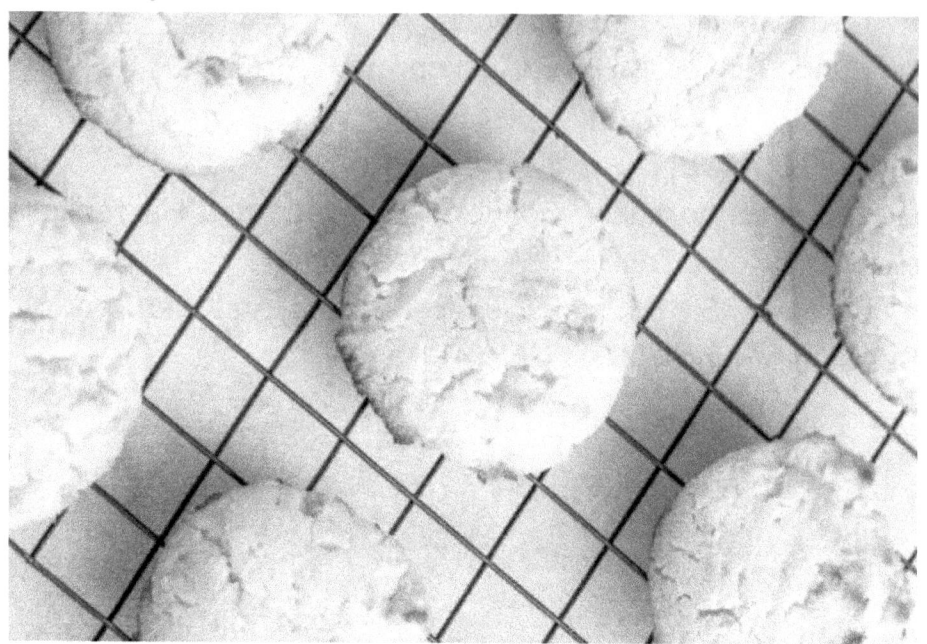

ZUTATEN:
- ½ Tasse Butter oder Butterersatz
- 1½ Tassen Mehl
- 2 Teelöffel Backpulver
- ½ Tasse Hüttenkäse
- ½ Tasse) Zucker
- ½ Teelöffel Salz

ANWEISUNGEN:
a) Butter und Käse cremig rühren, bis alles gut vermischt ist. Mehl sieben, abmessen und mit Zucker, Backpulver und Salz sieben. Nach und nach zur ersten Mischung hinzufügen. Zu einem Laib formen. Über Nacht kalt stellen. In dünne Scheiben schneiden.

b) Auf ein leicht geöltes Backblech legen. Im mäßigen Ofen (400 F) 10 Minuten backen, oder bis es zart braun ist.

37. Hüttenkäse-Haferkekse

ZUTATEN:
- 1 Tasse Mehl
- 1 Teelöffel Salz
- ½ Teelöffel Backpulver
- 1 Teelöffel Zimt
- 1½ Tassen Zucker
- ½ Tasse Melasse
- 1 Schlagen Sie das Ei
- 1 Teelöffel Zitronenschale
- 1 Esslöffel Zitronensaft
- ¾ Tasse Geschmolzenes Backfett
- ½ Tasse Rahmhüttenkäse
- 3 Tassen schnell kochende Haferflocken

ANWEISUNGEN:
a) Mehl, Salz, Backpulver und Zimt vermischen. Mischen Sie die nächsten fünf Zutaten und fügen Sie dann die gesiebte Mehlmischung, das Backfett und den Hüttenkäse hinzu.

b) Haferflocken untermischen. Geben Sie einen Teelöffel davon auf ein gefettetes Backblech und backen Sie es bei 350-375 °C, bis es fertig ist.

38. Sous-Vide-Ei-Häppchen

ZUTATEN:
- 1/2 Teelöffel Salz
- 4 Eier
- 4 Scheiben Speck, gehackt
- 3/4 Tasse Parmesankäse, gerieben
- 1/2 Tasse Hüttenkäse, gerieben
- 1/4 Tasse Sahne
- 1 Tasse Wasser

ANWEISUNGEN:
a) Schalten Sie den Instant-Topf ein, drücken Sie die „Sauté/Simmer"-Taste, warten Sie, bis er heiß ist, und geben Sie den Speck hinzu.

b) Den gehackten Speck mindestens 5 Minuten lang knusprig kochen, auf einen mit Papiertüchern ausgelegten Teller geben, 5 Minuten ruhen lassen und dann zerbröseln.

c) Eier in einer Schüssel aufschlagen, mit Salz würzen, Käse und Sahne hinzufügen und glatt rühren. Verteilen Sie den zerkrümelten Speck gleichmäßig auf den Formen eines mit Öl eingefetteten Silikonblechs, gießen Sie dann die Eimischung hinein, bis sie zu 3/4 gefüllt ist, und decken Sie das Blech locker mit Folie ab.

d) Drücken Sie die Taste „Warmhalten", gießen Sie Wasser in den Instant-Topf, setzen Sie dann den Untersetzer ein und stellen Sie die Silikonschale darauf.

e) Schließen Sie den Instant-Topf mit geschlossenem Deckel, drücken Sie dann die „Dampf"-Taste, drücken Sie „+/-", um die Garzeit auf 8 Minuten einzustellen, und kochen Sie bei hoher Druckeinstellung; Wenn sich der Druck im Topf aufbaut, startet der Kochtimer.

f) Wenn der Instant-Topf summt, drücken Sie die Warmhaltetaste, lassen Sie den Druck 10 Minuten lang auf natürliche Weise ab, lassen Sie dann schnell den Druck ab und öffnen Sie den Deckel. Nehmen Sie das Blech heraus, decken Sie es ab und stellen Sie die Pfanne auf einen Teller, um die Eierstückchen herauszunehmen.

39. Selleriestämme

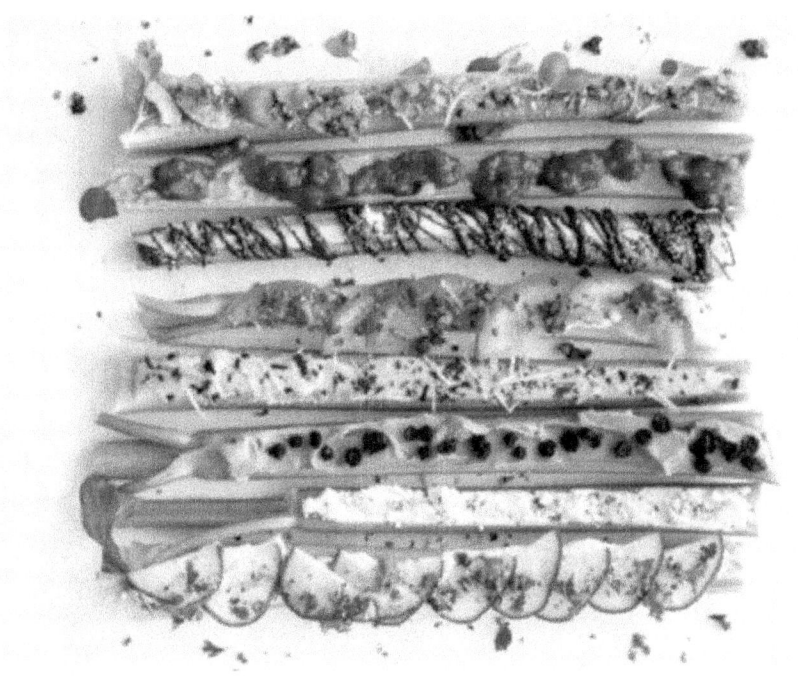

ZUTATEN:
- 1 Karotte, geraspelt
- $\frac{1}{4}$ Tasse Rosinen
- $\frac{1}{2}$ Tasse fettarmer Hüttenkäse
- 6 Selleriestangen, in 3-Zoll-Stücke geschnitten

ANWEISUNGEN:

a) In einer kleinen Schüssel Karotten, Rosinen und Hüttenkäse vermischen.

b) Selleriestücke mit der Mischung belegen.

40. Mit Hüttenkäse gefüllte Pilze

ZUTATEN:
- 12 große Pilze, gereinigt und entstielt
- 1 Tasse Hüttenkäse
- 1/4 Tasse geriebener Mozzarella-Käse
- 2 Esslöffel frische Petersilie, gehackt
- 1/2 Teelöffel Knoblauchpulver
- Salz und Pfeffer nach Geschmack

ANWEISUNGEN:
a) Heizen Sie Ihren Backofen auf 375 °F (190 °C) vor.
b) In einer Schüssel Hüttenkäse, Mozzarella, gehackte Petersilie und Knoblauchpulver vermischen.
c) Mit Salz und Pfeffer würzen und je nach Geschmack anpassen.
d) Füllen Sie jede Pilzkappe mit der Hüttenkäsemischung.
e) Die gefüllten Champignons auf ein Backblech legen.
f) 15-20 Minuten backen oder bis die Pilze weich und der Käse geschmolzen und goldbraun sind.
g) Heiß als köstliche Vorspeise oder Beilage servieren.

41. Hüttenkäse-Spinat-Dip

ZUTATEN:
- 1 Tasse Hüttenkäse
- 1 Tasse frischer Spinat, fein gehackt
- 1/4 Tasse geriebener Parmesankäse
- 2 Knoblauchzehen, gehackt
- 1 Teelöffel Zitronensaft
- Salz und Pfeffer nach Geschmack

ANWEISUNGEN:
a) In einer Küchenmaschine Hüttenkäse, gehackten Spinat, geriebenen Parmesan, gehackten Knoblauch und Zitronensaft vermischen.
b) Mischen, bis die Mischung glatt ist.
c) Mit Salz und Pfeffer würzen und je nach Geschmack anpassen.
d) Geben Sie den Dip in eine Servierschüssel.
e) Mit frischem Gemüse, Crackern oder Fladenbrot servieren.

SANDWICH, WRAPS UND BURGERS

42. Marokkanische Lamm- und Harissa-Burger

ZUTATEN:
- 500g Lammhackfleisch
- 2 Esslöffel Harissa-Paste
- 1 Esslöffel Kreuzkümmelsamen
- 2 Bund alte Karotten
- ½ Bund Minze, Blätter abgezupft
- 1 Esslöffel Rotweinessig
- 80 g roter Leicester-Käse, grob gerieben
- 4 entkernte Brioche-Brötchen, geteilt
- ⅓ Tasse (65 g) Hüttenkäse

ANWEISUNGEN:
a) Ein Backblech mit Backpapier auslegen. Hackfleisch in eine Schüssel geben und großzügig würzen. 1 Esslöffel Harissa hinzufügen und mit sauberen Händen gut vermischen.

b) Aus der Lammfleischmischung 4 Pastetchen formen und mit Kreuzkümmel bestreuen. Auf das vorbereitete Tablett legen, abdecken und bis zum Gebrauch kalt stellen (die Pastetchen vor dem Backen auf Zimmertemperatur bringen).

c) In der Zwischenzeit Karotte, Minze und Essig in einer Schüssel vermischen und zum leichten Einlegen beiseite stellen.

d) Erhitzen Sie eine Grill- oder Holzkohlegrillpfanne auf mittlere bis hohe Hitze. Die Patties auf jeder Seite 4-5 Minuten grillen oder bis sich eine schöne Kruste bildet. Mit Käse belegen, dann abdecken (bei Verwendung einer Holzkohlegrillpfanne Folie verwenden) und ohne Wenden weitere 3 Minuten garen, oder bis der Käse geschmolzen und die Pastetchen durchgegart sind.

e) Brioche-Brötchen mit der Schnittseite nach unten 30 Sekunden lang grillen oder bis sie leicht geröstet sind. Den Hüttenkäse auf die Brötchenböden verteilen und mit der eingelegten Karottenmischung belegen.

f) Fügen Sie die Pastetchen und den restlichen 1 Esslöffel Harissa hinzu. Setzen Sie die Deckel auf und drücken Sie sie zusammen, damit die Harissa an den Seiten herausläuft und darin stecken bleibt.

43. Mangold-Bruschetta

ZUTATEN:
- ½ Pfund roter Mangold
- 4 Knoblauchzehen, gehackt
- Antihaftbeschichtetes Olivenöl-Kochspray
- 2 Esslöffel Wasser
- 1 Esslöffel gehackter Dill
- Salz und Pfeffer
- ½ Tasse fettfreier Hüttenkäse
- 24 Scheiben französisches Brot, geröstet
- 2 Teelöffel Butter
- ½ Tasse frische Semmelbrösel

ANWEISUNGEN:
a) Den Mangold vom Strunk befreien und in ½ Zoll große Stücke schneiden. Schneiden Sie die Blätter in 5 cm große Stücke.
b) Gehackte Mangoldstiele und 2 Knoblauchzehen in einer mit Antihaft-Kochspray besprühten Pfanne bei mittlerer Hitze 1 Minute lang anbraten.
c) Wasser hinzufügen, Hitze reduzieren und zugedeckt etwa 10 Minuten köcheln lassen, bis es weich ist.
d) Gehackte Mangoldblätter einrühren und bei starker Hitze 1 bis 2 Minuten kochen, bis sie zusammengefallen sind.
e) Hitze reduzieren, abdecken und weitere 10 Minuten köcheln lassen.
f) Vom Herd nehmen und Dill unterrühren. Mit Salz und Pfeffer abschmecken. Beiseite legen.
g) Hüttenkäse in einem Mixer oder einer Küchenmaschine pürieren, bis eine glatte Masse entsteht.

h) Nach Geschmack Salz einrühren. Butter in einer kleinen Pfanne bei mittlerer bis niedriger Hitze schmelzen.
i) Die restlichen 2 Knoblauchzehen hinzufügen und unter Rühren ca. 1 Minute anbraten, bis sie weich, aber nicht gebräunt sind.
j) Semmelbrösel einrühren, um sie mit Knoblauch und Butter zu bestreichen, und unter Rühren 1 bis 2 Minuten braten, bis sie braun sind.
k) Auf jede geröstete Brotscheibe etwa 1 Teelöffel pürierten Hüttenkäse streichen.
l) Mit etwa 1 Esslöffel Mangold belegen und mit gerösteten Semmelbröseln bestreuen.

44. Paneer-Bhurji-Sandwich

ZUTATEN:
- ½ Teelöffel grüne Chilis, gehackt
- 1 ½ Esslöffel frischer Koriander, gehackt
- 4 Brotscheiben
- ½ Tasse Hüttenkäse
- 2 Esslöffel Tomaten
- ¼ Teelöffel Pfefferpulver
- Eine Prise Kurkumapulver
- ¼ Teelöffel Kreuzkümmel
- Salz
- 1 ½ Teelöffel geklärte Butter

ANWEISUNGEN:
a) In einer Pfanne Ghee oder Öl erhitzen und Kreuzkümmel hinzufügen.
b) Wenn die Samen zu knistern beginnen, die grünen Chilis hinzufügen und umrühren.
c) Rühren Sie die gehackte Tomate einige Sekunden lang ein, oder bis sie weich wird.
d) Kurkuma und Paneer untermischen.
e) Pfefferpulver und Salz einrühren und einige Sekunden rühren.
f) Den gehackten Koriander in der Pfanne untermischen.
g) Eine Seite jedes Brotlaibs mit Butter bestreichen.
h) Legen Sie eine Scheibe auf den Grill und verteilen Sie die Hälfte der Paneer-Füllung darauf.
i) Mit der Butterseite nach oben mit einem weiteren Stück Brot abdecken und goldbraun grillen.
j) Vom Grill nehmen und in zwei Stücke schneiden.

45. Burritos mit Rindfleisch und Käse

ZUTATEN:

- 4 Unzen Rinderhackfleisch, mager
- 4 Frühlingszwiebeln, in Scheiben geschnitten
- 1 Knoblauchzehe, gehackt
- ½ Tasse Salsa
- ½ Tasse fettarmer Hüttenkäse
- 1 Teelöffel Maisstärke
- ¼ Teelöffel getrockneter Oregano. zerquetscht
- 2 Mehl-Tortillas, 6 Zoll
- ¼ Tasse Mozzarella-Käse, gerieben

ANWEISUNGEN:

a) Hackfleisch, Zwiebeln und Knoblauch in einem kleinen Topf kochen, bis das Rindfleisch nicht mehr rosa und die Zwiebel zart ist. Fass ablassen.
b) Kombinieren Sie 2T Salsa, Hüttenkäse, Maisstärke und Oregano. Zur Fleischmischung in einen Topf geben.
c) Kochen und rühren, bis es eingedickt und sprudelnd ist. Weitere 2 Minuten kochen und umrühren.
d) Die Fleischmischung auf die Tortillas verteilen; aufrollen. Abdecken und warm halten. Im gleichen Topf die restliche Salsa erhitzen. Über Burritos gießen. Mit Käse belegen.

46. Gegrillter Apfel auf Sauerteigmuffins

ZUTATEN:
- 1 kleiner Red Delicious Apfel
- ½ Tasse Hüttenkäse
- 3 Esslöffel fein gewürfelte lila Zwiebeln
- 2 englische Sauerteig-Muffins, geteilt und geröstet
- ¼ Tasse zerbröselter Blauschimmelkäse

ANWEISUNGEN:
a) In einer kleinen Schüssel Hüttenkäse und Zwiebeln vermischen und gründlich umrühren.
b) Auf jede Muffinhälfte etwa 2 Teelöffel Hüttenkäsemischung verteilen.
c) Legen Sie 1 Apfelring auf jedes Muffinförmchen. Streuen Sie ebenfalls zerkrümelten Blauschimmelkäse über die Apfelringe.
d) Auf eine Backform legen und 1-12 Minuten grillen, oder bis der Blauschimmelkäse schmilzt, 7,6 cm von der Flamme entfernt.

47. Chipotle-Cheddar-Quesadilla

ZUTATEN:
- 4 Tortillas
- 2 Tassen Hüttenkäse
- 2 Tassen Cheddar-Käse, gerieben)
- 1 rote Paprika, in dünne Scheiben geschnitten)
- 1 Tasse Portobello-Pilze, in dünne Scheiben geschnitten
- 2-3 EL Chipotle-Gewürz
- Milde Salsa (zum Dippen)

ANWEISUNGEN:
a) Die Paprika (in Scheiben geschnitten, rot) und die Pilze (in Scheiben geschnitten) bei mittlerer Hitze in eine große Grillpfanne geben.
b) Etwa 10 Minuten kochen, bis es weich ist. Herausnehmen und in eine Schüssel (mittelgroß) umfüllen. Beiseite legen.
c) Geben Sie das Chipotle-Gewürz und den Hüttenkäse in eine kleine Schüssel. Zum Einarbeiten gut umrühren.
d) Legen Sie die Tortillas auf die Grillpfanne und gießen Sie die Gemüsemischung über die Tortillas.
e) Streuen Sie die Hüttenkäse-Mischung darüber und garnieren Sie sie anschließend mit dem Cheddar-Käse (gerieben).
f) Eine weitere Tortilla über die Füllung legen.
g) Etwa 2 Minuten kochen lassen, dann umdrehen und noch eine Minute weitergaren.
h) Den Vorgang mit den restlichen Tortillas und der Füllung wiederholen.
i) Sofort mit der Salsa (mild) servieren.

HAUPTKURS

48. Gegrillter Apfel und Käse

ZUTATEN:

- 1 klein Roter köstlicher Apfel
- $\frac{1}{2}$ Tasse 1 % fettarmer Hüttenkäse
- 3 Esslöffel Fein gehackte lila Zwiebel
- 2 Englische Muffins aus Sauerteig, geteilt und geröstet
- $\frac{1}{4}$ Tasse Zerbröckelter Blauschimmelkäse

ANWEISUNGEN:

a) Den Apfel entkernen und quer in 4 ($\frac{1}{4}$ Zoll) große Ringe schneiden; beiseite legen.

b) Hüttenkäse und Zwiebeln in einer kleinen Schüssel vermischen und gut umrühren. Auf jede Muffinhälfte etwa 2,5 Esslöffel Hüttenkäsemischung verteilen.

c) Jede Muffinhälfte mit 1 Apfelring belegen; Streuen Sie zerbröselten Blauschimmelkäse gleichmäßig über die Apfelringe. Auf ein Backblech legen.

d) Im Abstand von 7,5 cm vor der Hitze 1,5 Minuten grillen, bis der Blauschimmelkäse schmilzt.

49. Käseravioli mit Rosmarin und Zitrone

ZUTATEN:
- 1 Packung (16 Unzen) Käseravioli
- 1 Tasse fettfreier Hüttenkäse
- $\frac{1}{2}$ Tasse eingedampfte Magermilch
- 1 Teelöffel getrockneter Rosmarin
- $\frac{1}{4}$ Teelöffel Salz
- $\frac{1}{4}$ Teelöffel frisch gemahlener schwarzer Pfeffer
- 2 Teelöffel frischer Zitronensaft
- $\frac{1}{4}$ Tasse fein geriebener Parmesan
- 3 Esslöffel geschnittener frischer Schnittlauch
- 1 Teelöffel fein geriebene Zitronenschale
- Zitronenscheiben; Optional

ANWEISUNGEN:
a) Kochen Sie die Nudeln gemäß der Packungsbeilage. Abtropfen lassen und beiseite stellen.
b) Bei Bedarf abdecken, damit es warm bleibt.
c) In der Zwischenzeit den Hüttenkäse, die Milch, den Rosmarin, das Salz und den Pfeffer in einem Mixer oder einer Küchenmaschine mixen oder verarbeiten, bis eine glatte Masse entsteht. Stellen Sie die Hüttenkäsemischung beiseite.
d) Parmesankäse, Schnittlauch und Zitronenschale vermischen.
e) Die Ravioli abtropfen lassen und in eine Schüssel geben. Den Zitronensaft über die heißen Ravioli träufeln und vorsichtig umrühren. Dann die Hüttenkäsemischung darüber gießen und vorsichtig umrühren, bis sie bedeckt ist.
f) Zum Servieren die Ravioli auf Teller verteilen.

g) Streuen Sie die Käse-Schnittlauch-Zitronenschalen-Mischung über jede Portion. Nach Belieben mit Zitronenspalten servieren.

50. Ravioli-Lasagne

ZUTATEN:

- 1 Packung gefrorene Käseravioli
- 20 Unzen Hüttenkäse
- 2 Eier
- 10 Unzen gefrorener Spinat
- 2 Tassen Mozzarella-Käse; geschreddert
- ½ Tasse Parmesankäse; gerieben
- 1 Teelöffel italienisches Gewürz oder Pizzagewürz
- Spaghettisauce mit Fleisch

ANWEISUNGEN:

a) Bereiten Sie Ihre Lieblings-Spaghettisauce mit Fleisch zu.
b) Mischen Sie Hüttenkäse, Gewürze, Eier, Parmesan, Spinat und 1 Tasse Mozzarella.
c) In eine große rechteckige Auflaufform schichten: Soße, die Hälfte der Ravioli, die Hälfte der Käsemischung, eine weitere Schicht Soße, die andere Hälfte der Ravioli, den Rest der Käsemischung und abschließend eine Schicht Soße.
d) Bei 300 Grad etwa 30 Minuten backen.
e) Den restlichen Mozzarella-Käse darauf geben und in den Ofen zurückstellen, bis der Käse geschmolzen ist.

51. Carbquik Lasagne Pie

ZUTATEN:

- ½ Tasse Hüttenkäse
- ¼ Tasse geriebener Parmesankäse
- 1 Pfund Rinderhackfleisch, gebräunt und abgetropft
- 1 Tasse geriebener Mozzarella-Käse, geteilt
- 1 Teelöffel getrockneter Oregano
- ½ Teelöffel getrocknetes Basilikum
- 6 Unzen Tomatenmark
- 1 Tasse Kohlenhydrat-Countdown 2 %
- 2 große Eier
- ⅔ Tasse Carbquik
- 1 Teelöffel Salz
- ¼ Teelöffel Pfeffer

ANWEISUNGEN:

a) Heizen Sie Ihren Backofen auf 400 °F vor (375 °F, wenn Sie eine Glasbackform verwenden). Fetten Sie eine quadratische 8-Zoll-Pfanne ein und stellen Sie sie beiseite.

b) Den Hüttenkäse und den geriebenen Parmesankäse in die vorbereitete Pfanne schichten.

c) In einer Rührschüssel das gekochte Hackfleisch, ½ Tasse Mozzarella-Käse, getrockneten Oregano, getrocknetes Basilikum (oder italienisches Gewürz) und Tomatenmark vermischen. Diese Mischung gleichmäßig über die Käseschichten verteilen.

d) In einer anderen Schüssel Milch, Eier, Carbquik, Salz und Pfeffer verrühren, bis eine glatte Masse entsteht. Sie können einen Mixer 15 Sekunden lang auf hoher Stufe oder 1 Minute lang einen Handrührer verwenden.

e) Gießen Sie die Ei-Carbquik-Mischung in die Pfanne über die Rindfleisch- und Käseschichten.

f) Im vorgeheizten Ofen backen, bis der Kuchen goldbraun ist und ein Messer in der Mitte sauber herauskommt. Dies sollte etwa 30 bis 35 Minuten dauern.

g) Streuen Sie den restlichen Mozzarella-Käse darüber und lassen Sie den Kuchen vor dem Servieren 5 Minuten ruhen.

h) Genießen Sie Ihren Lasagna Pie, ein kohlenhydratarmes und herzhaftes Gericht, das an klassische Lasagne erinnert!

52. Lasagne in einer Tasse

ZUTATEN:
- 2 Nudel-Lasagne-Blätter, servierfertig
- 6 Unzen Wasser
- 1 Teelöffel Olivenöl oder Kochspray
- 3 Esslöffel Pizzasauce
- 4 Esslöffel Ricotta oder Hüttenkäse
- 3 Esslöffel Spinat
- 1 Esslöffel Cheddar-Käse
- 2 Esslöffel Brühwurst

ANWEISUNGEN:
a) Brechen Sie die Lasagneplatten auf und legen Sie sie richtig in die Form.
b) Mit Olivenöl besprühen, verhindert ein Anhaften.
c) Lasagne mit Wasser bedecken.
d) 4 Minuten in der Mikrowelle kochen oder bis die Nudeln zart aussehen.
e) Entfernen Sie das Wasser und legen Sie die Nudeln beiseite.
f) In denselben Becher Pizzasauce und etwas Nudeln geben.
g) Spinat, Ricotta und Wurst in Schichten hinzufügen.
h) Den Cheddar-Käse darüber streuen.
i) Setzen Sie die Schichten erneut fort, beginnend mit den Nudeln.
j) In die Mikrowelle stellen und mit einer mikrowellengeeigneten Abdeckung abdecken.
k) 3 Minuten in der Mikrowelle kochen.
l) 2 Minuten abkühlen lassen und genießen.

53. Focaccia al formaggio

ZUTATEN:

- 1 Pfund gefrorener Brotteig; aufgetaut
- 1 Ei
- 1 Tasse Hüttenkäse
- 2 Esslöffel Parmesan
- $\frac{1}{2}$ Teelöffel getrocknetes Basilikum
- $\frac{1}{2}$ Teelöffel getrocknete Oreganoblätter
- $\frac{1}{4}$ Teelöffel Knoblauchsalz
- $\frac{1}{4}$ Teelöffel Pfeffer
- $\frac{3}{4}$ Tasse Vorbereitete Pizzasauce
- 3 Unzen Mozzarella

ANWEISUNGEN:

a) Brotteig halbieren. Eine Hälfte in eine gefettete 33 x 23 cm große Backform drücken und strecken, dabei den Teig an den Seiten nach oben drücken, um einen flachen Rand zu bilden. In der Schüssel das Ei verquirlen und die restlichen Zutaten außer Pizzasauce und Mozzarella unterrühren.

b) Gleichmäßig auf dem Teig verteilen. Die restliche Teighälfte so ausdehnen, dass sie in die Form passt, über die Füllung legen und die Teigränder andrücken, um sie vollständig zu verschließen. An einem warmen Ort etwa 1 Stunde gehen lassen, bis sich das Volumen verdoppelt hat.

c) Pizzasauce gleichmäßig auf dem Brotteig verteilen und mit Mozzarella bestreuen.

d) 30 Minuten backen, bis die Ränder knusprig sind und der Käse schmilzt.

e) 5 Minuten abkühlen lassen. In Quadrate schneiden.

54. Käsiger Putenhackbraten

ZUTATEN:
- 2 Eier
- 1 Pfund Mozzarella-Käse, in Würfel geschnitten
- 2 Pfund gemahlener Truthahn
- 2 Teelöffel italienisches Gewürz
- $\frac{1}{4}$ Tasse Basilikumpesto
- $\frac{1}{2}$ Tasse Parmesankäse, gerieben
- $\frac{1}{2}$ Tasse Marinara-Sauce, ohne Zucker
- 1 Tasse Hüttenkäse
- 1 Teelöffel Salz

ANWEISUNGEN:
a) Stellen Sie den Rost in die untere Position und schließen Sie die Tür. Wählen Sie den Backmodus, stellen Sie die Temperatur auf 390 °F und den Timer auf 40 Minuten ein. Zum Vorheizen den Einstellknopf drücken.
b) Eine Auflaufform mit Butter einfetten und beiseite stellen.
c) Alle Zutaten in die große Schüssel geben und gut verrühren.
d) Übertragen Sie die Mischung in die Auflaufform.
e) Sobald das Gerät vorgeheizt ist, öffnen Sie die Tür, stellen Sie die Auflaufform auf den Rost und schließen Sie die Tür.
f) Servieren und genießen.

55. Englische Cottage-Pie-Lasagne

ZUTATEN:
- 9 Lasagne-Nudeln
- 1 Pfund Hackfleisch
- 1 Zwiebel, gehackt
- 2 Karotten, fein gehackt
- 1 Tasse gefrorene Erbsen
- 2 Knoblauchzehen, gehackt
- 1 Esslöffel Worcestershire-Sauce
- 1 Teelöffel getrockneter Thymian
- 1 Teelöffel getrockneter Rosmarin
- $\frac{1}{2}$ Teelöffel Salz
- $\frac{1}{4}$ Teelöffel schwarzer Pfeffer
- 2 Tassen Kartoffelpüree
- 1 Tasse geriebener Cheddar-Käse

ANWEISUNGEN:
a) Heizen Sie Ihren Backofen auf 375 °F (190 °C) vor und fetten Sie eine 9 x 13 Zoll große Auflaufform leicht ein.
b) Die Lasagne-Nudeln nach Packungsanleitung kochen. Abtropfen lassen und beiseite stellen.
c) In einer großen Pfanne das Hackfleisch, die gehackten Zwiebeln, die gehackten Karotten, die gefrorenen Erbsen und den gehackten Knoblauch kochen, bis das Rindfleisch gebräunt und das Gemüse weich ist. Überschüssiges Fett abtropfen lassen.
d) Worcestershire-Sauce, getrockneten Thymian, getrockneten Rosmarin, Salz und schwarzen Pfeffer hinzufügen. 10 Minuten schwimmen.
e) Eine dünne Schicht der Fleischmasse auf dem Boden der Auflaufform verteilen. Drei Lasagne-Nudeln darauflegen.

f) Eine Schicht Kartoffelpüree auf den Nudeln verteilen, gefolgt von einer Schicht der Fleischmischung.

g) Wiederholen Sie die Schichten mit drei Lasagne-Nudeln, Kartoffelpüree und Fleischmischung.

h) Mit den restlichen drei Lasagne-Nudeln belegen und geriebenen Cheddar-Käse darüber streuen.

i) 25 Minuten backen, bis der Käse geschmolzen ist und Blasen bildet.

Vor dem Servieren einige Minuten abkühlen lassen.

56. Bohnenlasagne

ZUTATEN:
- 1 Esslöffel Pflanzenöl
- 1 Tasse gehackte Zwiebel
- 3 Knoblauchzehen, gehackt
- 14 Unzen Dose Tomatensauce
- 1 kleine Dose Tomatenmark
- 3 Esslöffel Oregano
- 2 Esslöffel Basilikum
- $\frac{1}{2}$ Teelöffel Paprika
- $1\frac{1}{2}$ Tassen gemischte Bohnen
- $1\frac{1}{2}$ Tassen fettarmer Hüttenkäse
- 2 Tassen fettarmer Mozzarella [gerieben]
- 1 Ei
- 8 Lasagne-Nudeln [gekocht]
- 1 Teelöffel Korianderblätter [gehackt]
- 2 Esslöffel Parmesankäse

ANWEISUNGEN:
a) Bohnen vier bis acht Stunden einweichen. Einen Topf mit Wasser bedecken und die Bohnen zum Kochen bringen. 30 - 40 Minuten schwimmen. Öl erhitzen, Zwiebel und Knoblauch anbraten, bis sie weich sind.

b) Tomatensauce, Tomatenmark, Oregano, Basilikum, Paprika und gekochte, abgetropfte Bohnen hinzufügen. Zum Kochen bringen, Hitze reduzieren und 8-10 Minuten köcheln lassen.

c) Korianderblätter hinzufügen.

d) Ofen auf 325 F vorheizen.

e) Hüttenkäse, Mozzarella und Ei vermischen. In eine gefettete Lasagnepfanne eine Schicht Nudeln, eine Schicht Bohnenmischung und eine Schicht Käsemischung geben.
f) Fahren Sie fort, abwechselnd Nudeln, Bohnen und Käse und schließen Sie mit einer Schicht Käse darüber ab.
g) Parmesankäse über die oberste Schicht streuen.
h) 40 Minuten bei 325 F backen.

57. Peperoni-Lasagne

ZUTATEN:

- ¾ Pfund. Hackfleisch
- ¼ Teelöffel gemahlener schwarzer Pfeffer
- ½ Pfund. Salami, gehackt
- 9 Lasagne-Nudeln
- ½ Pfund. Peperoniwurst, gehackt
- 4 Tassen geriebener Mozzarella-Käse
- 1 Zwiebel, gehackt
- 2 Tassen Hüttenkäse
- 2 (14,5 Unzen) Dosen gedünstete Tomaten
- 9 Scheiben weißer amerikanischer Käse
- 16 Unzen Tomatensauce
- geriebener Parmesankäse
- 6 Unzen Tomatenmark
- 1 Teelöffel Knoblauchpulver
- 1 Teelöffel getrockneter Oregano
- ½ Teelöffel Salz

ANWEISUNGEN:

a) Braten Sie Peperoni, Rindfleisch, Zwiebeln und Salami 10 Minuten lang an. Überschüssiges Öl entfernen. Geben Sie alles mit etwas Pfeffer, Tomatensauce und -mark, Salz, gedünsteten Tomaten, Oregano und Knoblauchpulver in Ihren Slow Cooker und lassen Sie es 2 Stunden lang kochen.

b) Schalten Sie Ihren Ofen auf 350 Grad ein, bevor Sie fortfahren.

c) Kochen Sie Ihre Lasagne 10 Minuten lang in Salzwasser, bis sie al dente ist, und entfernen Sie dann das gesamte Wasser.

d) Tragen Sie in Ihrer Auflaufform eine dünne Schicht Soße auf und schichten Sie dann Folgendes auf: ⅓ Nudeln, 1 ¼ Tasse Mozzarella, ⅔ Tasse Hüttenkäse, amerikanische Käsescheiben, 4 Teelöffel Parmesan, ⅓ Fleisch. Fahren Sie fort, bis die Schüssel voll ist.

e) 30 Minuten kochen lassen.

58. Linguine mit Käsesauce

ZUTATEN:

- ½ Tasse fettarmer Naturjoghurt
- 1 rohes Ei
- ⅓ Tasse 99 % fettfreier Hüttenkäse
- Salz oder Salz mit Buttergeschmack
- Pfeffer
- ½ Teelöffel Oregano oder Pizzagewürz
- 3 Unzen Schweizer Käse, grob gerieben
- ⅓ Tasse frisch gehackte Petersilie

ANWEISUNGEN:

a) Über die heiße Linguine kurz den Joghurt und dann das Ei rühren, damit es andickt.
b) Anschließend die restlichen Zutaten unterrühren.
c) Stellen Sie den Topf auf sehr schwache Hitze, bis der Käse geschmolzen ist.

59. Rustikaler Cottage Pie

ZUTATEN:
- Yukon Gold-Kartoffeln, geschält und gewürfelt
- 2 Esslöffel vegane Margarine
- 1/4 Tasse ungesüßte Sojamilch
- Salz und frisch gemahlener schwarzer Pfeffer
- 1 Esslöffel Olivenöl
- 1 mittelgelbe Zwiebel, fein gehackt
- 1 mittelgroße Karotte, fein gehackt
- 1 Sellerierippe, fein gehackt
- 12 Unzen Seitan , fein gehackt
- 1 Tasse gefrorene Erbsen
- 1 Tasse gefrorene Maiskörner
- 1 Teelöffel getrocknetes Bohnenkraut
- 1/2 Teelöffel getrockneter Thymian

ANWEISUNGEN:
a) In einem Topf mit kochendem Salzwasser die Kartoffeln 15 bis 20 Minuten kochen, bis sie weich sind.
b) Gut abtropfen lassen und zurück in den Topf geben. Fügen Sie Margarine, Sojamilch sowie Salz und Pfeffer hinzu und schmecken Sie ab.
c) Mit einem Kartoffelstampfer grob zerstampfen und beiseite stellen. Heizen Sie den Ofen auf 350 °F vor.
d) In einer großen Pfanne das Öl bei mittlerer Hitze erhitzen. Zwiebel, Karotte und Sellerie hinzufügen.
e) Abdecken und ca. 10 Minuten kochen lassen, bis es weich ist. Übertragen Sie das Gemüse in eine 9 x 13 Zoll große Backform. Seitan, Pilzsauce, Erbsen, Mais, Bohnenkraut und Thymian unterrühren.
f) Mit Salz und Pfeffer abschmecken und die Mischung gleichmäßig in der Backform verteilen.

g) Mit dem Kartoffelpüree belegen und bis zum Rand der Backform verteilen. Etwa 45 Minuten backen, bis die Kartoffeln gebräunt sind und die Füllung Blasen bildet.
h) Sofort servieren.

60. Margaritas Pasta Primavera

ZUTATEN:
- 1 Tasse fettarmer Hüttenkäse
- 1 Esslöffel frischer Zitronensaft
- 8 Unzen dünne Spaghetti
- 1 Esslöffel akzeptables Pflanzenöl
- $\frac{1}{4}$ Tasse gehackte Frühlingszwiebeln
- $\frac{1}{2}$ Tasse gehackte Zwiebeln
- 1 Knoblauchzehe, gehackt
- $\frac{1}{4}$ Teelöffel frisch gemahlener schwarzer Pfeffer,
- Oder zwei Schlüssel
- 2 Tassen geschnittene frische Champignons
- 1 Tasse geschnittene grüne Paprika
- 1$\frac{1}{2}$ Tassen geschnittene Karotten
- 10 Unzen gefroren ohne Salzzusatz
- Brokkoli gedünstet

ANWEISUNGEN:
a) Lassen Sie die Flüssigkeit vom Hüttenkäse abtropfen. In einer Schüssel Hüttenkäse und Zitronensaft vermischen. Beiseite legen.
b) Spaghetti nach Packungsangabe zubereiten, Salz weglassen.
c) Gründlich abtropfen lassen.
d) In der Zwischenzeit Öl in einer Pfanne bei mittlerer bis hoher Hitze erhitzen. Frühlingszwiebeln, Zwiebeln, Knoblauch und schwarzen Pfeffer hinzufügen und 1 Minute anbraten4. Pilze hinzufügen und 1 Minute rühren. Dann Paprika, Karotten und Brokkoli dazugeben und weitere 3-4 Minuten rühren. Beiseite legen.

e) In einer anderen Schüssel die Spaghetti-Hüttenkäse-Mischung vermischen, damit sie gleichmäßig bedeckt ist. Mit sautiertem Gemüse belegen.

61. Monterey Jack Souffle

ZUTATEN:
- 1 Pfund Wurst, gekocht
- 2 Tassen Monterey-Jack-Käse, gerieben
- 3 Tassen Cheddar-Käse scharf, gerieben
- 1 Tasse Mozzarella-Käse, gerieben
- ½ Tasse Milch
- 1 ½ Tassen Mehl
- 1 ½ Tassen Hüttenkäse
- 9 Eier leicht geschlagen
- ⅓ Tasse Butter geschmolzen
- 1 Dose grüne Chilis klein, gewürfelt

ANWEISUNGEN:
a) Die Hälfte der geschmolzenen Butter in einer 9x13-Pfanne verteilen.
b) In einer großen Schüssel die restlichen Zutaten vermischen und gut verrühren.
c) In eine 9x13-Pfanne gießen.
d) Bei 375 °C 50 Minuten lang backen oder bis es goldbraun ist und das eingesetzte Messer sauber herauskommt.

62. Hühner- und Hüttenkäsesuppe

ZUTATEN:

- 2 Pfund ganzes Huhn, in Stücke geschnitten
- 3 Unzen Vollmilch
- 1 Teelöffel frischer Zitronensaft
- 1/2 Teelöffel frischer Ingwer, gerieben
- 2 Knoblauchzehen, gehackt
- 4 Unzen Hüttenkäse, bei Zimmertemperatur
- 2 Bananenschalotten, geschält und gehackt
- 1 Karotte, gehackt
- 2 Esslöffel Butter
- 1 Esslöffel getrockneter Rosmarin
- 1/4 Teelöffel gemahlener schwarzer Pfeffer
- Meersalz, zwei Schlüssel
- 4 Tassen Hühnerbrühe, natriumarm
- 1/2 Tasse Parmesankäse, vorzugsweise frisch gerieben
- 1 Esslöffel frische Petersilie, gehackt

ANWEISUNGEN:

a) Geben Sie die Hähnchenstücke, Milch, Zitronensaft, Ingwer und Knoblauch in eine Rührschüssel. 1 Stunde im Kühlschrank marinieren lassen.

b) Geben Sie das Huhn zusammen mit der Marinade in Ihren Instant Pot. Hüttenkäse, Schalotten, Karotten, Butter, Rosmarin, schwarzen Pfeffer, Salz und Hühnerbrühe hinzufügen.

c) Befestigen Sie den Deckel. Drücken Sie die Taste „Suppe" und kochen Sie 35 Minuten lang. Sobald der Garvorgang abgeschlossen ist, verwenden Sie eine schnelle Druckentlastung.

d) Nehmen Sie das Hähnchen aus der Kochflüssigkeit. Entsorgen Sie die Knochen und geben Sie das Huhn zurück in den Instant-Topf.

e) Frisch geriebenen Parmesankäse in die heiße Kochflüssigkeit geben; rühren, bis es geschmolzen ist und alles gut vermischt ist. In einzelne Servierschüsseln füllen, mit frischer Petersilie garnieren und genießen!

63. Hüttenkäse -Manicoti

ZUTATEN:
FÜR DIE MANICOTTI:
- 6 Eier
- 2 Tassen Mehl
- $1\frac{1}{2}$ Tassen Wasser
- Salz und Pfeffer nach Geschmack

Ricotta-Käse-Füllung:
- 2 Pfund Käse (kann Topfkäse sein)
- 2 Eier
- Salz und Pfeffer
- Petersilienflocken
- Geriebener Parmesankäse

ANWEISUNGEN:
a) Eier, Mehl, Wasser, Salz und Pfeffer nach Geschmack verrühren.

b) Machen Sie sehr schnell dünne Pfannkuchen auf einem Grill oder einer Bratpfanne (ich verwende zum Braten Olivenöl).

c) Mit der Ricotta-Käse-Mischung füllen. Aufrollen. Mit Soße bedecken.

d) $\frac{1}{2}$ Stunde bei 350 Grad F backen.

e) Vor dem Servieren einfach 10 Minuten ruhen lassen.

Ricotta-Käse-Füllung:
f) Mit einem Löffel glatt rühren und gründlich vermischen (ich verwende die Hälfte davon).

64. Mamas Spinatkuchen

ZUTATEN:
- 4 Tassen Cheddar-Croutons oder ein Kräuter-Crouton
- Ungefähr 1½ Pfund Spinatblätter
- 8 Unzen Cheddar-Käse, in etwa ½ Zoll große Würfel geschnitten
- 1 Pfund Hüttenkäse
- 3 große Eier, leicht geschlagen
- 3 Esslöffel ungesalzene Butter, geschmolzen
- 4 Scheiben Speck, knusprig gegart
- Salz und frisch gemahlener schwarzer Pfeffer

ANWEISUNGEN:
a) Heizen Sie den Ofen auf 375 °F vor.

b) Bringen Sie einen großen Topf Wasser zum Kochen. In der Zwischenzeit den Boden einer 9 x 13 Zoll großen Auflaufform mit einer einzigen Schicht Croutons auslegen.

c) Sobald das Wasser kocht, die Spinatblätter dazugeben und umrühren. Lassen Sie sie leicht zusammenfallen – das dauert etwa 10 Sekunden –, geben Sie sie dann in ein Sieb und spülen Sie sie unter kaltem Wasser ab. Sobald sie kühl genug zum Anfassen sind, drücken Sie so viel Flüssigkeit wie möglich mit Ihren Händen heraus. Geben Sie den Spinat auf ein Schneidebrett und hacken Sie ihn grob.

d) Den Spinat zusammen mit Cheddar, Hüttenkäse, Eiern und geschmolzener Butter in eine große Schüssel geben. Zerkrümeln Sie den Speck mit den Händen in die Schüssel und rühren Sie die Mischung um, bis alles gut vermischt ist. Mit Salz und Pfeffer würzen. Bedenken Sie, dass der Speck bereits viel Salz enthält.

e) Die Spinatmischung gleichmäßig über die Croutons verteilen. Übertragen Sie die Form in den Ofen und backen Sie sie etwa 30 Minuten lang, bis sie fest ist und der Käse geschmolzen ist.

f) Wenn Sie etwas mehr Farbe wünschen, können Sie es noch ein oder zwei Minuten unter dem Grill garen.

65. Rindfleisch-Nudel-Auflauf

ZUTATEN:
- 1 Packung (8 Unzen) mittelgroße Nudeln
- 1/3 Tasse geschnittene Frühlingszwiebeln
- 1/3 Tasse gehackter grüner Pfeffer
- 2 Esslöffel Butter
- 1 Pfund Hackfleisch
- 1 Dose (6 Unzen) Tomatenmark
- 1/2 Tasse Sauerrahm
- 1 Tasse 4 % Hüttenkäse
- 1 Dose (8 Unzen) Tomatensauce

ANWEISUNGEN:

a) Nudeln nach Packungsanleitung kochen; Beanspruchung.

b) Grüne Paprika und Zwiebeln mit Butter in einer großen Pfanne etwa 3 Minuten anbraten, bis sie weich sind. Rindfleisch hinzufügen und kochen, bis kein Rosa mehr übrig ist. Überschüssiges Fett abseihen.

c) Sauerrahm und Tomatenmark in einer mittelgroßen Schüssel vermischen und Hüttenkäse und Nudeln untermischen. In einen 2-Liter-Auflauf die Hälfte der Nudelmischung schichten; Geben Sie die Hälfte der Rindfleischmischung darauf. Machen Sie weiterhin dasselbe.

d) Die Tomatensauce gleichmäßig über den Auflauf gießen.

e) Bei 350 °C backen, bis es vollständig erhitzt ist, etwa 30-35 Minuten.

66. Gebackener Spinat Supreme

ZUTATEN:
- 1 Tasse fettarme Keks-/Backmischung
- 2 Eiweiß
- 1 Ei
- 1/4 Tasse fettfreie Milch
- 1/4 Tasse fein gehackte Zwiebel

FÜLLUNG:
- 10 Unzen gefrorener gehackter Spinat, aufgetaut und trocken ausgedrückt
- 1 1/2 Tassen fettfreier Hüttenkäse
- 3/4 Tasse geriebener Monterey-Jack-Käse
- 1/2 Tasse geriebener Parmesankäse
- 2 Eiweiß
- 1 Ei
- 1 Teelöffel getrocknete gehackte Zwiebel

ANWEISUNGEN:
a) Keksmischung, Zwiebel, Milch, Ei und Eiweiß in einer kleinen Schüssel vermischen. Gut vermischen und dann in eine gefettete 27 x 18 cm große Backform gießen.

b) In einer anderen Schüssel die Zutaten für die Füllung vermischen. Vorsichtig auf die Keksmischung geben.

c) Ohne Abdeckung 28 bis 32 Minuten bei 350° im Ofen backen, bis sie goldbraun sind. Führen Sie ein Messer in die Mitte ein und es sollte sauber herauskommen.

SALATE UND BEILAGEN

67. Hüttenkäse-Gemüsesalat

ZUTATEN:

- 3 Tassen (24 Unzen) 4 % Hüttenkäse
- 1 große reife Avocado, geschält, entkernt und gehackt
- 1 mittelgroße Tomate, gehackt
- 1/4 Tasse geschnittene, mit Pimiento gefüllte Oliven
- 2 Esslöffel geschnittene Frühlingszwiebeln

ANWEISUNGEN:

a) Mischen Sie die ersten 4 Zutaten in einer Servierschüssel.

b) Zwiebeln darüber streuen.

68. Spargel-, Tomaten- und Hüttenkäsesalat

ZUTATEN:
- 2 Bund grüner Spargel
- 150 g Kirschtomaten
- 100 g Hüttenkäse
- 30 g geschälte Walnüsse
- 30 g gerösteter Mais
- 20 g geschälte Sonnenblumenkerne
- 2 Esslöffel Essig
- 4 Esslöffel Olivenöl
- Pfeffer und Salz

ANWEISUNGEN:
f) Den Spargel putzen. Waschen Sie den Spargel zunächst unter fließendem kaltem Wasser, entfernen Sie den härtesten Teil des Stiels und schneiden Sie ihn in gleich große Stücke.

g) Wasser zum Kochen bringen und kochen. Während Sie den Spargel zubereiten, kochen Sie reichlich Salzwasser in einem Topf, geben Sie ihn hinzu und kochen Sie ihn 10 Minuten lang, bis er zart, aber ganz ist.

h) Den Garvorgang unterbrechen. Sobald sie gar sind, nehmen Sie sie mit einem Schaumlöffel heraus und tauchen Sie sie für einige Momente in eine Schüssel mit Eiswasser, um sie langsamer garen zu lassen. Dadurch behalten sie ihre intensive grüne Farbe. Lassen Sie sie dann noch einmal abtropfen, um das gesamte Wasser zu entfernen.

i) Bereiten Sie die restlichen Zutaten vor. Die Tomaten waschen, mit saugfähigem Papier trocknen und halbieren. Den Hüttenkäse abtropfen lassen und zerbröckeln. Und die Nüsse in kleine Stücke schneiden.

j) Machen Sie die Vinaigrette. Den Essig in eine Schüssel geben. Fügen Sie eine Prise Salz und einen weiteren Pfeffer hinzu und gießen Sie nach und nach das Öl hinzu. Schlagen Sie dabei mit einer Gabel weiter, bis eine gut emulgierte Vinaigrette entsteht.

k) Den Spargel auf 4 Schüsseln verteilen. Fügen Sie die Tomaten, den zerbröckelten Hüttenkäse und die gehackten Walnüsse hinzu. Mit der vorherigen Vinaigrette anrichten.

l) Und mit Sonnenblumenkernen und geröstetem Mais garnieren.

69. Hüttenkäse- und Obstsalat

ZUTATEN:

- 1 Tasse Hüttenkäse
- 1 Tasse frische Erdbeeren, in Scheiben geschnitten
- 1 Tasse frische Blaubeeren
- 1 Tasse frische Ananasstücke
- 2 Esslöffel Honig
- 1/4 Tasse gehackte frische Minzblätter

ANWEISUNGEN:

a) In einer großen Rührschüssel Hüttenkäse, Erdbeeren, Blaubeeren und Ananasstücke vermischen.
b) Honig über die Obst-Hüttenkäse-Mischung träufeln.
c) Vorsichtig umrühren, um alle Zutaten zu vermischen.
d) Gehackte frische Minzblätter darüber streuen.
e) Sofort servieren oder bis zum Servieren im Kühlschrank aufbewahren.

70. Gurken- und Hüttenkäsesalat

ZUTATEN:
- 2 Tassen Hüttenkäse
- 2 Gurken, in dünne Scheiben geschnitten
- 1 rote Zwiebel, in dünne Scheiben geschnitten
- 2 Esslöffel frischer Dill, gehackt
- Salz und Pfeffer nach Geschmack

ANWEISUNGEN:
a) In einer großen Schüssel Hüttenkäse, Gurkenscheiben und geschnittene rote Zwiebeln vermischen.
b) Streuen Sie frischen Dill über die Mischung.
c) Mit Salz und Pfeffer würzen und je nach Geschmack anpassen.
d) Die Zutaten vorsichtig vermischen.
e) Vor dem Servieren etwa 30 Minuten im Kühlschrank ruhen lassen.

71. Hüttenkäse-Tomaten-Salat

ZUTATEN:
- 1 1/2 Tassen Hüttenkäse
- 2 große Tomaten, gewürfelt
- 1/2 rote Zwiebel, fein gehackt
- 2 Esslöffel frisches Basilikum, gehackt
- 2 Esslöffel Olivenöl
- Salz und Pfeffer nach Geschmack

ANWEISUNGEN:
a) In einer Schüssel Hüttenkäse, Tomatenwürfel und gehackte rote Zwiebeln vermischen.
b) Streuen Sie frischen Basilikum über die Mischung.
c) Olivenöl darüber träufeln.
d) Mit Salz und Pfeffer würzen und je nach Geschmack anpassen.
e) Mischen Sie die Zutaten vorsichtig miteinander.
f) Sofort servieren oder bis zum Servieren im Kühlschrank aufbewahren.

NACHTISCH

72. Walnuss- Käsekuchen

ZUTATEN:

- Shortbread
- 2 Tassen Hüttenkäse
- ½ Tasse) Zucker; Granuliert
- 2 Teelöffel Maisstärke
- ½ Tasse Walnüsse; gehackt,
- 3 Eier; Groß, getrennt
- ½ Tasse Sauerrahm
- 1 Teelöffel Zitronenschale; Gerieben

ANWEISUNGEN:

a) Heizen Sie den Ofen auf 325 Grad F vor.

b) Den Hüttenkäse durch ein Sieb drücken und abtropfen lassen.

c) In einer großen Rührschüssel das Eigelb schlagen, bis es leicht und schaumig ist, dann den Zucker langsam hinzufügen und weiter schlagen, bis es sehr leicht und glatt ist.

d) Den Hüttenkäse zur Eimischung geben und gut vermischen, dann Sauerrahm, Maisstärke, Zitronenschale und Walnüsse (falls gewünscht) hinzufügen. Rühren, bis alle Zutaten gut vermischt sind und die Mischung glatt ist.

e) In einer anderen großen Rührschüssel das Eiweiß schlagen, bis sich weiche Spitzen bilden, und dann vorsichtig unter den Teig heben. Gießen Sie die Mischung in den vorbereiteten Boden und backen Sie sie etwa 1 Stunde lang.

f) Vor dem Servieren auf Raumtemperatur abkühlen lassen.

73. Cranberry-Orangen-Käsekuchen

ZUTATEN:
- 1 Tasse Graham-Krümel
- 2 Tassen Hüttenkäse
- 1 Packung heller Frischkäse; 8 Unzen
- ⅔ Tasse Zucker
- ½ Tasse Naturjoghurt
- ¼ Tasse Mehl; Allzweck
- 2 Tassen Cranberries
- ½ Tasse Orangensaft
- 1 Esslöffel Margarine; leicht, geschmolzen
- 2 Eiweiß
- 1 Ei
- 1 Esslöffel Orangenschale; gerieben
- 1 Teelöffel Vanille
- ⅓ Tasse Zucker
- 2 Teelöffel Maisstärke

ANWEISUNGEN:

a) Krustenzutaten vermischen . Über den Boden der 9-Zoll-Springform drücken.

b) 5 Minuten bei 180 °C backen.

c) In einer Küchenmaschine den Hüttenkäse glatt rühren. Frischkäse hinzufügen und glatt rühren. Restliche Füllzutaten hinzufügen; glatt rühren. In die Pfanne gießen. 50 bis 60 Minuten lang bei 180 °C backen oder bis er fast in der Mitte fest ist.

d) Führen Sie ein Messer um den Rand des Kuchens herum, um ihn vom Rand zu lösen. Auf einem Gitter abkühlen lassen. Kühlen.

e) Preiselbeeren, Orangensaft und Zucker in einem Topf vermischen. Unter ständigem Rühren zum Kochen bringen.

Dann 3 Minuten köcheln lassen oder bis die Preiselbeeren zu platzen beginnen. Maisstärke in 1 Esslöffel Wasser auflösen. In die Pfanne geben, kochen und 2 Minuten rühren.
f) Den Belag abkühlen lassen und vor dem Servieren auf dem Kuchen verteilen.

74. Ananas-Nudelkugel

ZUTATEN:
FÜR DIE NUDELN:
- 450 g getrocknete breite Eiernudeln
- 1 Stange ungesalzene Butter, in Stücke geschnitten
- 1 Tasse Vollmilch
- 5 große Eier, leicht geschlagen
- 12 Tassen Zucker
- 2 Teelöffel Vanille
- 12 Teelöffel Salz
- 1 (450 g) Behälter Sauerrahm
- 1 (450 g) Behälter kleiner Quark-Hüttenkäse (4 % Fett)
- 1 (560 g) Dose zerkleinerte Ananas, abgetropft

Zum Belag:
- 2 Tassen Cornflakes, grob zerstoßen
- 2 Esslöffel Zucker
- 12 Teelöffel Zimt
- 2 Esslöffel ungesalzene Butter, in Stücke geschnitten

ANWEISUNGEN:
BALL VORBEREITEN:
a) Stellen Sie den Ofenrost in die mittlere Position und heizen Sie ihn auf 350 ∘F (175 ∘C) vor.
b) Eine 13 x 9 x 2 Zoll große Backform aus Glas oder Keramik mit Butter bestreichen.
c) Nudeln in einem Topf mit kochendem Salzwasser al dente kochen.
d) Gut abtropfen lassen, dann in einen warmen Topf zurückgeben und Butter hinzufügen und rühren, bis die Nudeln bedeckt sind.

e) Milch, Eier, Zucker, Vanille und Salz verrühren, bis alles gut vermischt ist, dann saure Sahne unterrühren.

f) Hüttenkäse und Ananas einrühren und zu den Nudeln geben, gut umrühren und dann in eine Auflaufform geben.

Topping zubereiten und Kugel backen:

g) Cornflakes, Zucker und Zimt verrühren und gleichmäßig über die Nudeln streuen.

h) Mit Butter bestreichen und ca. 1 Stunde backen, bis die Kugel fest ist und die Ränder goldbraun sind.

i) Vor dem Servieren 5 Minuten stehen lassen.

75. Safran-Pistazien-Panna-Cotta

ZUTATEN:

- 2 Esslöffel weicher Paneer oder hausgemachter Hüttenkäse
- 2 Teelöffel Zucker
- 2 Esslöffel Milch
- 1 Esslöffel Sahne
- 1 Prise Safran
- 1 große Prise Agar-Agar-Pulver
- 2 Teelöffel Pistazien
- 1 Prise Kardamompulver

ANWEISUNGEN:

a) Weiches Paneer und Zuckerpulver glatt rühren.
b) 2 Esslöffel Milch, 1 Esslöffel Sahne und eine Prise Safran zusammen aufkochen.
c) Eine große Prise Agar-Agar-Pulver hinzufügen.
d) Schneebesen, bis alles glatt ist.
e) Paneer-Mischung, Kardamompulver und gehackte Pistazien hinzufügen. Gut mischen.
f) In eine gefettete Form $\frac{1}{4}$ Teelöffel gehackte Pistazien geben. Panna Cotta-Mischung darübergießen.
g) 2 Stunden im Kühlschrank kalt stellen.
h) Aus der Form lösen und servieren. Geben Sie etwas Sirup Ihrer Wahl und Obst darüber.
i) Sie können den Zucker je nach Geschmack anpassen.

76. Hüttenkäse-Tiramisu

ZUTATEN:
- ½ Tasse) Zucker
- 1 Tasse fettfreier Hüttenkäse
- 1 Tasse fettfreie Alternative zu saurer Sahne
- 2 Esslöffel dunkler Rum
- 8-Unzen-Karton fettarmer Vanillejoghurt
- 8-Unzen-Packung Neufchatel-Käse
- 1¼ Tassen heißes Wasser
- 1 Esslöffel Plus
- ½ Teelöffel Instant-Espresso-Kaffeegranulat
- 40 Ladyfingers
- ½ Teelöffel ungesüßter Kakao

ANWEISUNGEN:

a) Die ersten 6 Zutaten in eine Küchenmaschine mit Messerklinge geben und glatt rühren; beiseite legen.

b) Heißes Wasser und Espressogranulat in einer kleinen Schüssel vermischen. Löffelbiskuits der Länge nach halbieren. Tauchen Sie 20 der Hälften mit der Schnittseite nach unten schnell in Espresso und legen Sie sie mit der eingetauchten Seite nach unten auf den Boden einer quadratischen 9-Zoll-Auflaufform.

c) Tauchen Sie 20 weitere Löffelbiskuithälften mit der Schnittseite nach unten in Espresso und legen Sie sie mit der getauchten Seite nach unten auf die erste Schicht. Verteilen Sie 2 Tassen der Käsemischung gleichmäßig auf den Löffelbiskuits. Wiederholen Sie den Vorgang mit den restlichen Löffelbiskuithälften, dem Espresso und der Käsemischung.

d) Stecken Sie Zahnstocher in jede Ecke und einen in die Mitte des Tiramisu, um zu verhindern, dass Plastikfolie an der Käsemischung kleben bleibt. Mit Plastikfolie abdecken und 3 bis 8 Stunden im Kühlschrank lagern. Vor dem Servieren mit Kakao bestreuen.

77. Hüttenkäse - Datteleis

ZUTATEN:

- ⅓ Tasse gehackte entkernte Datteln
- 4 Esslöffel Rum
- 2 Eier, getrennt
- ½ Tasse Kristallzucker
- ⅔ Tasse Milch
- 1 ½ Tassen Hüttenkäse
- Fein abgeriebene Schale und Saft von 1 Zitrone
- ⅔ Tasse Sahne, geschlagen
- 2 Esslöffel fein gehackter Ingwer

ANWEISUNGEN:

a) Datteln etwa 4 Stunden im Zimmer einweichen. Eigelb und Zucker in eine Schüssel geben und hell schlagen. Erhitzen Sie die Milch in einem Topf bis zum Siedepunkt und rühren Sie sie dann unter das Eigelb. Geben Sie die Mischung wieder in die ausgespülte Pfanne und kochen Sie sie bei schwacher Hitze unter ständigem Rühren, bis sie eingedickt ist. Cool, gelegentlich starren.

b) Den Hüttenkäse, die Zitronenschale sowie den aus den Datteln abgesiebten Saft und Rum in einem Mixer oder einer Küchenmaschine zu einer glatten Masse verarbeiten und dann mit der Vanillesoße verrühren. Gießen Sie die Mischung in einen Behälter, decken Sie sie ab und frieren Sie sie ein, bis sie gerade fest wird. In eine Schüssel geben, gut verrühren, dann Schlagsahne, Datteln und Ingwer unterheben. Eiweiß in einer Schüssel steif, aber nicht trocken schlagen und unter die Fruchtmischung heben. Löffeln Sie die Mischung zurück in den Behälter. Abdecken und einfrieren, bis es fest ist.

c) Etwa 30 Minuten vor dem Servieren das Eis in den Kühlschrank stellen.

78. Hüttenkäse-Käsekuchen

ZUTATEN:
FÜR KRUSTE
- ¼ Tasse harte Margarine, geschmolzen
- 1 Tasse fettarme Graham-Cracker-Krümel
- 2 Esslöffel weißer Zucker
- ¼ Esslöffel Zimt

FÜR KUCHEN
- 2 Tassen fettarmer Hüttenkäse, püriert
- 3 Esslöffel Allzweckmehl
- 1 Teelöffel Vanilleextrakt
- 2 Eier
- ⅔ Tasse weißer Zucker

ANWEISUNGEN:
a) Bereiten Sie den Ofen vor, indem Sie ihn auf 325 Grad Fahrenheit vorheizen.
b) Geschmolzene Margarine, Graham-Cracker-Krümel, Zucker und Zimt vermischen.
c) Füllen Sie eine 10-Zoll-Springform zur Hälfte mit der Krustenmischung.
d) Den weichen Hüttenkäse, Milch, Eier, Mehl, Vanille und Zucker gut vermischen.
e) Gießen Sie die Mischung in den Tortenboden.
f) 60 Minuten im Ofen backen.

79. Burekas

ZUTATEN:
- 1 lb / 500 g Blätterteig bester Qualität, rein aus Butter
- 1 großes Freilandei, geschlagen

Ricotta-Füllung
- ¼ Tasse / 60 g Hüttenkäse
- ¼ Tasse / 60 g Ricotta-Käse
- ⅔ Tasse / 90 zerbröckelter Feta-Käse
- 2 TL / 10 g ungesalzene Butter, geschmolzen

PECORINO-FÜLLUNG
- 3½ EL / 50 g Ricotta-Käse
- ⅔ Tasse / 70 g geriebener gereifter Pecorino-Käse
- ⅓ Tasse / 50 g geriebener gereifter Cheddar-Käse
- 1 Lauch, in 5 cm große Stücke geschnitten, blanchiert, bis er weich ist, und fein gehackt (insgesamt ¾ Tasse / 80 g)
- 1 EL gehackte glatte Petersilie
- ½ TL frisch gemahlener schwarzer Pfeffer

SAMEN
- 1 TL Schwarzkümmelsamen
- 1 TL Sesamkörner
- 1 TL gelbe Senfkörner
- 1 TL Kümmel
- ½ TL Chiliflocken

ANWEISUNGEN
a) Rollen Sie den Teig in zwei 12 Zoll / 30 cm große Quadrate mit einer Dicke von jeweils ⅛ Zoll / 3 mm aus. Legen Sie die Blätterteigblätter auf ein mit Backpapier ausgelegtes Backblech – sie können übereinander liegen,

mit einem Blatt Backpapier dazwischen – und lassen Sie sie 1 Stunde lang im Kühlschrank ruhen.

b) Geben Sie jeden Satz Füllzutaten in eine separate Schüssel. Mischen und beiseite stellen. Alle Samen in einer Schüssel vermischen und beiseite stellen.

c) Schneiden Sie jedes Teigblatt in 10 cm große Quadrate. Sie sollten insgesamt 18 Quadrate erhalten. Verteilen Sie die erste Füllung gleichmäßig auf die Hälfte der Quadrate und löffeln Sie sie in die Mitte jedes Quadrats. Bestreichen Sie zwei benachbarte Kanten jedes Quadrats mit Ei und falten Sie das Quadrat dann in zwei Hälften, sodass ein Dreieck entsteht. Drücken Sie die Luft heraus und drücken Sie die Seiten fest zusammen. Sie sollten die Ränder sehr gut andrücken, damit sie sich beim Kochen nicht öffnen. Mit den restlichen Teigquadraten und der zweiten Füllung wiederholen. Auf ein mit Backpapier ausgelegtes Backblech legen und mindestens 15 Minuten im Kühlschrank ruhen lassen, damit es fester wird. Heizen Sie den Ofen auf 220 °C vor.

d) Bestreichen Sie die beiden kurzen Ränder jedes Teigs mit Ei und tauchen Sie diese Ränder in die Samenmischung. Eine kleine Menge Samen mit einer Breite von nur 2 mm genügt, da sie ziemlich dominant sind. Bestreichen Sie die Oberseite jedes Teigstücks ebenfalls mit etwas Ei, wobei Sie die Kerne aussparen.

e) Stellen Sie sicher, dass die Teigstücke einen Abstand von etwa 3 cm haben.

f) 15 bis 17 Minuten backen, bis alles rundherum goldbraun ist. Warm oder bei Zimmertemperatur servieren.

g) Sollte beim Backen ein Teil der Füllung aus dem Gebäck herauslaufen, stopfen Sie es vorsichtig wieder hinein, wenn es abgekühlt genug ist, um es anfassen zu können.

80. Französische Käsetarte

ZUTATEN:

- 2 Tassen Allzweckmehl; ungesiebt
- ¼ Teelöffel Salz
- ½ TL Backpulver
- ⅔ Tasse Butter oder Margarine
- ⅓ Tasse Kristallzucker
- 2 Eigelb
- 2 Esslöffel Schlagsahne
- ½ TL Geriebene Zitronenschale
- 4 Esslöffel Butter oder Margarine
- ⅔ Tasse Kristallzucker
- 2 Tassen Trockener Hüttenkäse
- 1 Eigelb
- ¼ Tasse Schlagsahne
- ⅓ Tasse goldene Rosinen
- ½ TL Abgeriebene Zitronenschale
- 1 Eiweiß; leicht geschlagen
- Puderzucker

ANWEISUNGEN:

a) Mehl, Salz und Backpulver in eine Schüssel sieben.
b) Mit einem Teigmixer Butter hineinschneiden, bis die Mischung groben Krümeln ähnelt.
c) Fügen Sie ⅓ Tasse Kristallzucker, 2 Eigelb, 2 Esslöffel Sahne und ½ Teelöffel Zitronenschale hinzu; Mit einer Gabel vermischen, bis der Teig zusammenhält.
d) Auf einer leicht bemehlten Oberfläche ausrollen; ca. 2 Minuten glatt kneten.
e) Zu einer Kugel formen; In Wachspapier einwickeln. Den Teig 30 Minuten kühl stellen. Machen Sie Käse
FÜLLUNG:

f) In einer Schüssel mit einem Elektromixer bei hoher Geschwindigkeit Butter, Kristallzucker und Hüttenkäse etwa 3 Minuten lang gut verrühren.

g) Eigelb und Sahne hinzufügen; Gut schlagen. Rosinen und Zitronenschale unterrühren. Ofen auf 350 F vorheizen.

h) Leicht einfetten Eine 13 x 9 x 2 Zoll große Backform. Teilen Sie den Teig in zwei Hälften.

i) Eine Teighälfte auf einer leicht bemehlten Arbeitsfläche zu einem 33 x 23 cm großen Rechteck ausrollen.

j) Auf den Boden der vorbereiteten Pfanne geben. In die Füllung gießen und gleichmäßig verteilen.

k) Den restlichen Teig halbieren. Eine Hälfte in 5 gleich große Stücke schneiden.

l) Rollen Sie jedes Stück auf einem Brett zu einem bleistiftähnlichen Streifen von 13 Zoll Länge.

m) Ordnen Sie diese Streifen beim Befüllen der Länge nach im Abstand von $1\frac{1}{2}$ Zoll an.

n) Aus dem restlichen Teig so viele Streifen formen, dass sie diagonal im Abstand von $1\frac{1}{2}$ Zoll über die Längsstreifen passen.

o) Teigstreifen mit Eiweiß bestreichen.

p) 40 Minuten backen oder bis es goldbraun ist. 5 Minuten leicht stehen lassen.

q) Dann mit Puderzucker bestreuen und in 7,6 cm große Quadrate schneiden. Warm servieren.

81. Kräuterkäsetörtchen

ZUTATEN:
- ⅓ Tasse Feine trockene Semmelbrösel oder fein zerkleinerter Zwieback
- 8 Unzen Packung Frischkäse, weich
- ¾ Tasse Hüttenkäse im Sahne-Stil
- ½ Tasse Geriebener Schweizer Käse
- 1 EL Allzweckmehl
- ¼ Teelöffel Getrocknetes Basilikum, zerkleinert
- ⅛ Teelöffel Knoblauchpulver
- 2 Eier
- Antihaft-Sprühbeschichtung
- Sauerrahm aus Milchprodukten
- in Scheiben oder Scheiben geschnittene entkernte reife Oliven, roter Kaviar
- gerösteter roter Pfeffer

ANWEISUNGEN

a) Für den Boden vierundzwanzig 3,5 cm große Muffinförmchen mit Antihaft-Sprühbeschichtung einsprühen.

b) Streuen Sie Semmelbrösel oder zerkleinerten Zwieback auf den Boden und die Seiten, um ihn zu bedecken.

c) Pfannen schütteln, um überschüssige Krümel zu entfernen. Beiseite legen.

d) In einer kleinen Rührschüssel Frischkäse, Hüttenkäse, Schweizer Käse, Mehl, Basilikum und Knoblauchpulver vermischen. Mit einem Elektromixer bei mittlerer Geschwindigkeit schaumig schlagen.

e) Eier hinzufügen; Bei niedriger Geschwindigkeit schlagen, bis alles gut vermischt ist. Nicht übertreiben.

f) Füllen Sie jedes mit Krümeln ausgelegte Muffinförmchen mit 1 Esslöffel der Käsemischung. Im Ofen bei 180 °C 15 Minuten lang backen oder bis die Mitte fest erscheint.

g) In Pfannen auf Gitterrosten 10 Minuten abkühlen lassen. Aus der Pfanne nehmen.

h) Auf Gitterrosten gründlich abkühlen lassen.

i) Zum Servieren die Spitzen mit saurer Sahne bestreichen. Mit Oliven, Kaviar, Schnittlauch und/oder Paprika und Olivenausschnitten garnieren.

j) Die Törtchen wie angegeben backen und abkühlen lassen, jedoch nicht mit Sauerrahm bestreichen oder mit Garnitur belegen.

k) Abdecken und im Kühlschrank bis zu 48 Stunden kalt stellen. Lassen Sie die Törtchen vor dem Servieren 30 Minuten bei Raumtemperatur stehen.

l) Mit Sauerrahm bestreichen und nach Anweisung garnieren.

82. Rübenkuchen

ZUTATEN:
- 1 Tasse Crisco-Öl
- ½ Tasse Butter, geschmolzen
- 3 Eier
- 2 Tassen Zucker
- 2½ Tassen Mehl
- 2 Teelöffel Zimt
- 2 Teelöffel Backpulver
- 1 Teelöffel Salz
- 2 Teelöffel Vanille
- 1 Tasse Harvard-Rüben
- ½ Tasse Rahmhüttenkäse
- 1 Tasse zerdrückte Ananas, abgetropft
- 1 Tasse gehackte Nüsse
- ½ Tasse Kokosnuss

ANWEISUNGEN:
a) Öl, Butter, Eier und Zucker verrühren.
b) Mehl, Zimt, Soda und Salz hinzufügen.
c) Vanille, Rüben, Hüttenkäse, Ananas, Nüsse und Kokosnuss unterheben.
d) In eine 9 x 13 Zoll große Pfanne gießen.
e) Bei 350 °C 40–45 Minuten backen. Mit Schlagsahne servieren.

83. Apfel-Käse-Eis

ZUTATEN:

- 5 Kochäpfel, geschält und entkernt
- 2 Tassen Hüttenkäse, geteilt
- 1 Tasse halb-und-halb, geteilt
- ½ Tasse Apfelbutter, geteilt
- ½ Tasse Kristallzucker, geteilt
- ½ Teelöffel gemahlener Zimt
- ¼ Teelöffel gemahlene Nelken
- 2 Eier

ANWEISUNGEN:

a) Äpfel in ¼-Zoll-Würfel schneiden; beiseite legen. In einem Mixer oder einer Küchenmaschine 1 Tasse Hüttenkäse, ½ Tasse halb-und-halb, ¼ Tasse Apfelbutter, ¼ Tasse Zucker, Zimt, Nelken und ein Ei vermischen. Alles glatt rühren. In eine große Schüssel füllen.
b) Wiederholen Sie den Vorgang mit dem restlichen Hüttenkäse, der Hälfte davon, der Apfelbutter und dem Ei. Mit der zuvor pürierten Mischung vermischen. Gehackte Äpfel unterrühren.
c) In einen Eisbehälter füllen. In der Eismaschine gemäß den Anweisungen des Herstellers einfrieren.

84. Kokos-Hüttenkäse-Käsekuchen

ZUTATEN:
FÜR DIE KRUSTE:
- 1 ½ Tassen Graham Cracker Crumbs
- ½ Tasse Esslöffel Butter, geschmolzen
- 3 Esslöffel Kokosraspeln

FÜR DIE FÜLLUNG:
- 32 Unzen Hüttenkäse
- ¾ Tasse Süßstoff
- 7 Unzen griechischer Kokosjoghurt
- 3 große Eier
- 1 Teelöffel Vanilleextrakt
- 1 Messlöffel Proteinpulver mit Kokosgeschmack (optional)

FÜR DEN BElag:
- 7 Unzen griechischer Kokosjoghurt
- 2 Esslöffel Hüttenkäse
- ¼ Tasse Süßstoff
- ½ Tasse Kokosraspeln

ANWEISUNGEN:
FÜR DIE KRUSTE:
a) Mischen Sie in einer Schüssel die Graham-Cracker-Krümel, die geschmolzene Butter und die Kokosraspeln.
b) Drücken Sie die Mischung auf den Boden einer Käsekuchenform oder -form.
c) Bei 192 °C (375 °F) etwa 7-10 Minuten backen, bis es leicht gebräunt ist.
d) Aus dem Ofen nehmen und zum Abkühlen beiseite stellen.

FÜR DIE FÜLLUNG:

e) Den Hüttenkäse und das Süßungsmittel in eine Rührschüssel geben und glatt rühren.
f) Dann die restlichen Zutaten dazugeben und glatt rühren.
g) Die Füllung über den abgekühlten Boden gießen und 50 Minuten im vorgeheizten Backofen backen.
h) Aus dem Ofen nehmen und auf Zimmertemperatur abkühlen lassen.

FÜR DEN BElag:
i) Den griechischen Kokosjoghurt, den Hüttenkäse und das Süßungsmittel cremig schlagen.
j) Den Zuckerguss auf dem abgekühlten Käsekuchen verteilen und mit Kokosraspeln belegen.

85. Nudel-Kugel-Torte mit Hüttenkäse

ZUTATEN:
NUDELKRUSTE:
- ½ Pfund breit, koscher für Pessach-Eiernudeln
- 2 Esslöffel Butter, geschmolzen

FÜLLUNG:
- 2 Zwiebeln, in Scheiben geschnitten
- Öl zum braten
- 1 Pfund Hüttenkäse
- 2 Tassen Sauerrahm
- ½ Tasse) Zucker
- 6 Eier
- 1 Teelöffel gemahlener Zimt
- ½ Tasse Brombeeren

BELAG:
- Zusätzliche Brombeeren

ANWEISUNGEN:
NUDELKRUSTE:
a) Heizen Sie den Ofen auf 375 Grad F vor.
b) Kochen Sie die Eiernudeln in Salzwasser etwa 4 Minuten lang oder bis sie leicht gar sind.
c) Die Nudeln abgießen und in eine Schüssel geben.
d) Mit 2 Esslöffeln zerlassener Butter beträufeln und vermengen.

FÜLLUNG:
e) In einem mittelgroßen Topf bei mittlerer Hitze das Öl erhitzen und dann die Zwiebeln kochen, bis sie weich werden. Aus der Pfanne nehmen.
f) In einer Schüssel die gekochten Zwiebeln, den Hüttenkäse, die saure Sahne, den Zucker, die Eier und den gemahlenen Zimt gut verrühren.

g) Die Brombeeren vorsichtig unter die Füllmasse heben.
MONTAGE:
h) Fetten Sie eine etwa 9 x 13 Zoll große Auflaufform ein.
i) Die mit Butter bestrichenen Eiernudeln auf dem Boden der Auflaufform anordnen, sodass eine Kruste entsteht.
j) Gießen Sie die Füllmischung über die Nudelkruste.
BACKEN:
k) Im vorgeheizten Ofen backen, bis die Creme fest ist und die Oberfläche goldbraun ist, etwa 40-45 Minuten.
PORTION:
l) Lassen Sie den Noodle Kugel Pie vor dem Servieren etwas abkühlen.
m) Mit weiteren Brombeeren garniert servieren.

86. Rosa Partysalat

ZUTATEN:
- 1 Dose (Nr. 2) zerdrückte Ananas
- 24 groß Marshmallows
- 1 Packung Erdbeergelee
- 1 Tasse Schlagsahne
- 2 Tassen Sm. Quark Hüttenkäse
- ½ Tasse Nüsse; gehackt

ANWEISUNGEN:
a) Saft aus Ananas mit Marshmallows und Wackelpudding erhitzen. Cool.
b) Schlagsahne, Ananas, Hüttenkäse und Nüsse verrühren. Die erste Mischung dazugeben und unterheben.
c) Über Nacht kalt stellen.

87. Gegrilltes Ananas-Dessert

ZUTATEN:
- 1 frische Ananas, entkernt, geschält
- 3 Esslöffel Himbeer-Vinaigrette-Dressing
- 2 Tassen fettarmer Hüttenkäse mit 2 % Milchfett
- 1/2 Tasse Granatapfelkerne

ANWEISUNGEN:
a) Grill vorheizen. Ananas quer in acht Scheiben schneiden und auf dem Rost der Grillpfanne oder in einer 15 x 10 x 1 Zoll großen Backform anordnen, dann das Dressing gleichmäßig darüber streichen.

b) Die Ananas ca. 7,6-10 cm von der Wärmequelle entfernt ca. 4-5 Minuten braten, bis sie durchgeheizt ist.

c) Die Ananas auf eine Servierplatte legen und den Hüttenkäse gleichmäßig darauf verteilen. Granatapfelkerne darüber streuen.

88. Cooler Limettensalat

ZUTATEN:

- 1/2 Tasse nicht abgetropfte, zerkleinerte Ananas aus der Dose
- 2 Esslöffel Limettengelatine
- 1/4 Tasse 4 % Hüttenkäse
- 1/4 Tasse Schlagsahne

ANWEISUNGEN:

a) Ananas in einem kleinen Topf kochen.
b) Schalten Sie den Herd aus, geben Sie Gelatine hinzu und rühren Sie, bis sie sich vollständig aufgelöst hat.
c) Auf Raumtemperatur abkühlen lassen.
d) Schlagsahne und Hüttenkäse in die Pfanne geben und umrühren.
e) Im Kühlschrank aufbewahren, bis es fest ist.

GEWÜRZE

89. Hüttenkäsesauce

ZUTATEN:

- 1 Tasse (226 g) fettfreier Hüttenkäse
- 1 Tasse (235 ml) Magermilch
- 2 Esslöffel (30 ml) Wasser
- 2 Esslöffel (16 g) Maisstärke

ANWEISUNGEN:

a) Hüttenkäse und Milch im Mixer vermischen. In einen Topf füllen und fast zum Kochen bringen. Beiseite legen. Das Wasser zur Maisstärke hinzufügen und zu einer Paste verrühren. Zur Hüttenkäsemischung in einen Topf geben und gut umrühren.

b) 10 Minuten unter ständigem Rühren kochen, bis die Masse eingedickt ist.

90. Fettarmer Frühlingszwiebel-Dip

ZUTATEN:

- 1 Tasse (225 g) fettarmer Hüttenkäse
- ¼ Tasse (25 g) Frühlingszwiebeln, gehackt
- 2 Teelöffel (10 ml) Zitronensaft

ANWEISUNGEN:

a) Alle Zutaten in einen Mixer oder eine Küchenmaschine geben und glatt rühren.

b) Mindestens eine Stunde im Kühlschrank lagern, damit sich die Aromen entfalten können.

91. Hüttenkräuterdressing

ZUTATEN:

- 1 Esslöffel Milch
- 12 Unzen Hüttenkäse
- 1 Teelöffel Zitronensaft
- 1 kleine Zwiebelscheibe – dünn
- 3 Radieschen – die Hälfte
- 1 Teelöffel gemischte Salatkräuter
- 1 Zweig Petersilie
- $\frac{1}{4}$ Teelöffel Salz

ANWEISUNGEN:

a) Milch, Hüttenkäse und Zitronensaft in einen Mixbehälter geben und glatt rühren.
b) Die restlichen Zutaten zur Hüttenkäsemischung geben und mixen, bis das gesamte Gemüse zerkleinert ist.

92. Kräuter-Hüttenkäse-Aufstrich

ZUTATEN:

- 1 Tasse Hüttenkäse
- 2 Esslöffel frischer Schnittlauch, fein gehackt
- 1 Esslöffel frischer Dill, gehackt
- 1/2 Teelöffel Knoblauchpulver
- Salz und Pfeffer nach Geschmack

ANWEISUNGEN:

a) In einer Schüssel Hüttenkäse, gehackten Schnittlauch, Dill und Knoblauchpulver vermischen.
b) Mit Salz und Pfeffer abschmecken.
c) Verwenden Sie es als Aufstrich für Cracker, Brot oder als Dip für Gemüse.

93. Hüttenkäse-Salsa

ZUTATEN:

- 1 Tasse Hüttenkäse
- 1/2 Tasse stückige Salsa
- 1/4 Tasse gehackter frischer Koriander
- 1/2 Teelöffel Kreuzkümmel (optional)
- Salz und Pfeffer nach Geschmack

ANWEISUNGEN:

a) In einer Schüssel Hüttenkäse, Salsa, Koriander und Kreuzkümmel (falls verwendet) vermischen.
b) Mit Salz und Pfeffer abschmecken.
c) Verwenden Sie diese Salsa als Belag für Ofenkartoffeln, gegrilltes Hähnchen oder als Dip für Tortillachips.

94. Hüttenkäse und Honig-Nieselregen

ZUTATEN:

- 1 Tasse Hüttenkäse
- 2 Esslöffel Honig
- 1/4 Teelöffel Zimt (optional)

ANWEISUNGEN:

a) Hüttenkäse auf einen Teller oder eine Schüssel geben.
b) Den Hüttenkäse mit Honig beträufeln.
c) Optional mit einer Prise Zimt bestreuen.
d) Als süßes und cremiges Dessert oder Snack genießen.

95. Hüttenkäse-Pesto

ZUTATEN:
- 1 Tasse Hüttenkäse
- 2 Esslöffel Pestosauce
- 1/4 Tasse geriebener Parmesankäse
- Salz und Pfeffer nach Geschmack

ANWEISUNGEN:
a) In einer Schüssel Hüttenkäse, Pestosauce und geriebenen Parmesankäse vermischen.
b) Mit Salz und Pfeffer abschmecken.
c) Verwenden Sie dieses Hüttenkäse-Pesto als Pastasauce, Brotaufstrich oder Dip für Gemüse.

SMOOTHIES UND COCKTAILS

96. Gewürzter Himbeer-Smoothie

ZUTATEN:
- ½ Tasse fettfreier Hüttenkäse
- 1 Tasse Eiswürfel
- 1 Teelöffel Honig
- 2 Datteln (entkernt)
- 2 Esslöffel altmodische Haferflocken
- 6 Unzen frische Himbeeren
- Prise gemahlener Zimt

ANWEISUNGEN:
a) Alle Zutaten in einen Mixer geben und glatt rühren.
b) Genießen.

96. Gewürzter Himbeer-Smoothie

ZUTATEN:
- ½ Tasse fettfreier Hüttenkäse
- 1 Tasse Eiswürfel
- 1 Teelöffel Honig
- 2 Datteln (entkernt)
- 2 Esslöffel altmodische Haferflocken
- 6 Unzen frische Himbeeren
- Prise gemahlener Zimt

ANWEISUNGEN:
a) Alle Zutaten in einen Mixer geben und glatt rühren.
b) Genießen.

97. Hüttenkäse-Power-Shake

ZUTATEN:
- ¼ Tasse fettarmer Hüttenkäse
- 1 Tasse Blaubeeren (frisch oder gefroren)
- 1 Messlöffel Vanille-Proteinpulver
- 2 Esslöffel Leinsamenmehl
- 2 Esslöffel Walnüsse, gehackt
- 1½ Tassen Wasser
- 3 Eiswürfel

ANWEISUNGEN:
a) Alles glatt rühren.
b) Abschmecken und bei Bedarf Eis oder Zutaten anpassen.

98. Käse-Vanille-Shake

ZUTATEN:

- 16 Unzen. Magermilch
- 2 Tassen fettfreier Hüttenkäse
- 3 Messlöffel Proteinpulver
- 1/2 Tasse fettfreier Vanillejoghurt
- 1 Kugel Ihrer Lieblingsfrucht
- Splenda zwei Schlüssel
- 2-3 Eiswürfel

ANWEISUNGEN:

a) Geben Sie alle Zutaten 30-60 Sekunden lang in einen Mixer.

99. Post-Workout-Bananen-Protein-Shake

ZUTATEN:
- 2 Bananen
- 1/2 Tasse Hüttenkäse
- Vanille-Molkenprotein
- Tasse Milch
- Einwenig Eis
- 1/2 Teelöffel brauner Zucker

ANWEISUNGEN:
a) Alles glatt rühren.
b) Abschmecken und bei Bedarf Eis oder Zutaten anpassen.

100. Soja-Smoothie

ZUTATEN:
- 1 Messlöffel Proteinpulver
- 1 Tasse Bio-Sojamilch
- 1 Tasse Hüttenkäse
- ¼ - ½ Tasse roher Honig
- Prise Salz

ANWEISUNGEN:
a) Mischen Sie Sojamilch und Hüttenkäse, um dem Smoothie eine körnige Konsistenz zu verleihen, und fügen Sie dann Honig und Salz im Verhältnis zu Ihrem Geschmack hinzu.

b) Fügen Sie einen Löffel Proteinpulver und bei Bedarf Wasser hinzu und genießen Sie es.

ABSCHLUSS

Am Ende unseres kulinarischen Abenteuers in „DIE ULTIMATIVE HÜTTENKÄSEKÜCHE" hoffen wir, dass es Ihnen Spaß gemacht hat, die endlosen Möglichkeiten von Hüttenkäse zu erkunden. Mit 100 köstlichen Rezepten haben Sie das Geheimnis gelüftet, wie Sie alltägliche Mahlzeiten in außergewöhnliche Erlebnisse verwandeln.

Hüttenkäse hat sich mit seiner reichhaltigen cremigen Textur und seinem hohen Proteingehalt als mehr als nur ein Grundnahrungsmittel für Milchprodukte erwiesen. Es ist die Schlüsselzutat für gesündere, schmackhaftere und aufregendere Mahlzeiten. Vom Frühstück bis zum Abendessen und jedem Snack dazwischen haben Sie gesehen, wie diese vielseitige Zutat der Star der Show sein kann.

Wir haben gerührt, sautiert, gebacken und gemixt, und jetzt sind Sie an der Reihe, die Zügel in die Hand zu nehmen. Lassen Sie Ihrer Fantasie in der Küche freien Lauf. Experimentieren Sie mit Aromen, Texturen und Zutaten, um Ihre eigenen Hüttenkäse-Meisterwerke zu kreieren.

Aber denken Sie daran, dass das Herzstück jeder Küche nicht nur die Zutaten oder Rezepte sind – es ist die Liebe und Leidenschaft, die Sie in Ihre Küche einfließen lassen. Wenn Sie also Ihre kulinarische Reise fortsetzen, kochen Sie immer mit Liebe, und Sie werden sicher Gerichte kreieren, die nicht nur den Gaumen erfreuen, sondern auch das Herz erwärmen.

Vielen Dank, dass Sie bei „DIE ULTIMATIVE HÜTTENKÄSEKÜCHE" mitgemacht haben. Mögen Ihre zukünftigen Mahlzeiten voller Freude, Gesundheit und der köstlichen Güte von Hüttenkäse sein. Viel Spaß beim Kochen!

www.ingramcontent.com/pod-product-compliance
Lightning Source LLC
Chambersburg PA
CBHW071307110526
44591CB00010B/807